「18」の自立

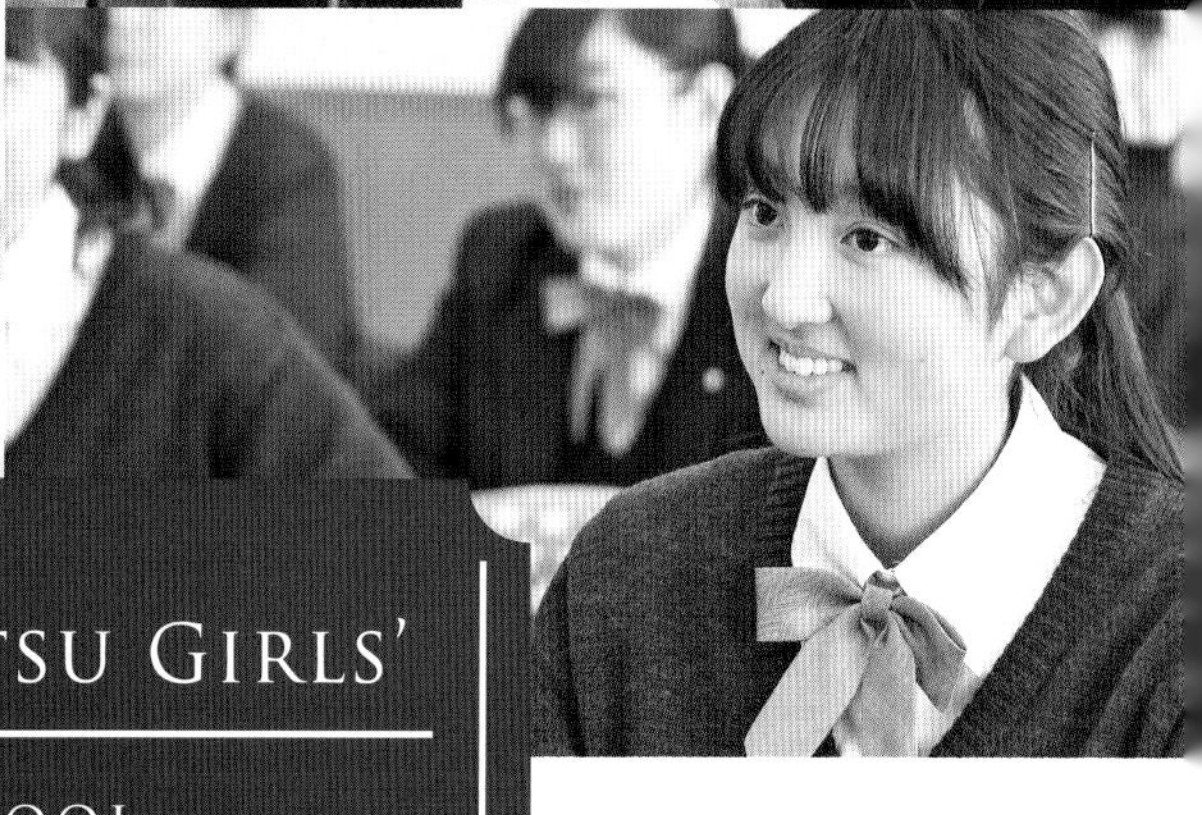

THE SECOND KYORITSU GIRLS'

SENIOR HIGH SCHOOL

学校説明会	11/17(土)14:00～ 個別相談あり 11/24(土)14:00～ 個別相談あり
個別相談会	12/ 1(土) 9:00～12:00 12/ 4(火)～7(金) 14:00～17:30 12/ 8(土) 9:00～12:00 12/18(火)～19(水)14:00～17:30 1/ 7(月)14:00～17:30 1/19(土) 9:00～12:00

Pick up! 給付奨学金制度を導入（入学金や授業料などを免除）

- ●一般入試の合計得点率により選考
- ●中学校の1・2学期総合の成績により選考
- ●既合格者は2月12日の一般入試を奨学生選考試験として受験可能

（詳細は募集要項でご確認ください）

Pick up! 2019年度入試日程

- ●海外帰国生入試：11/24（土）国・英・数・面接
- ●推薦入試：1/22（火）作文・面接
- ●一般入試：2/10（日）、2/12（火）国・英・数・面接

アクセス	JR中央線・横浜線・八高線「八王子駅」からスクールバス約20分　JR中央線・京王線「高尾駅」からスクールバス約10分 ※スクールバスは無料で運行しています。在校時の定期代も不要です。 ※平成28年度より新たに学園と八王子市みなみ野地区を結ぶ「みなみ野・七国循環ルート」の運行を開始しました。

共立女子第二高等学校

〒193-8666　東京都八王子市元八王子町1-710　TEL.042-661-9952　共立女子第二　検索

小1〜中3

冬期講習会、受付中

12/26㈬〜29㈯・1/4㈮〜7㈪

※地域・学年により日程が異なる場合がございます。

冬期講習会が、君を変える。

学力の伸びが確認できる！冬期講習会は飛躍のチャンス！

POINT 1

新学年に備える！
重要単元を徹底学習。

- 既習単元を集中的に学習し、理解を深める
- 問題演習を通じて、実戦力を養成する

POINT 2

確かな実力が付く！
実績に裏付けられた教務システム

- 短期間で力が付く、効果的な学習カリキュラム
- 発問を中心とした、学力別少人数制授業

POINT 3

本気になれる！
充実した学習環境

- 熱意あふれる講師の授業で、学ぶことが楽しくなる
- ライバルからの刺激によって、学習意欲が高まる

冬期新入生応援キャンペーン 詳細はホームページをご覧ください。

① 入塾手続きをされた方全員
入塾金 無料 または 半額
※学年により割引金額や適用条件が異なります。詳しくはホームページをご覧ください。

② 小3・小5Kコース限定
冬期講習会授業料 半額 **+1月授業料** 半額
※冬期講習会開講日までに、冬期講習会および1月からの入塾手続きをされた方が対象となります。

③ 小6Kコース限定
1月授業料 半額
※12月29日までに1月の入塾手続きと、4月から始まる新中1の継続受講手続きをされた方が対象となります。

中2・中3

いつもと違う環境で
さらにレベルアップ！

正月特訓

中2 実力アップ 正月特訓

「実力」と「自信」。この2つが身に付きます。

「入試まで、まだ1年」から、「入試まで、あと1年」のターニングポイントが、中2の正月特訓です。受験学年に余裕を持って臨むために中2の学習内容の復習・徹底演習を行います。各拠点校に結集して他校の生徒と同じ教室で競い合うことで、より効果的な学力向上が望めます。

［日程］ 12/30㈰、1/2㈬、1/3㈭（全3日間）

［時間］ 9:00〜10:50／11:00〜12:50
13:50〜15:40／15:50〜17:40

中3 入試直前 正月特訓

年末年始に35時間以上の志望校対策

この時期の重点は、ズバリ実戦力の養成。各拠点校に結集し、入試予想問題演習を中心に『いかにして点を取るか』すなわち「実戦力の養成」をテーマに、連日熱気のこもった授業が展開されます。

［日程］ 12/30㈰〜1/3㈭（全5日間）

［時間］ 9:00〜10:50／11:00〜12:50
13:50〜15:40／15:50〜17:40

外国語教育の KANTO

「世界につながる教育」を目指して、関東国際高等学校では、
英語に加え、中国語・ロシア語・韓国語・タイ語・
インドネシア語・ベトナム語の7言語を学ぶことができます。
英検をはじめとした各種検定取得に力を入れ、
それぞれの目指す道を全力で応援します。

説明会日程

◎ 平日学校説明会（要予約）
11/15 木 16:30〜

◎ 体験授業（要予約）
11/17 土 9:30〜

◎ 入試説明会（要予約）
11/24 土 14:00〜
12/8 土 9:30〜／14:00〜

2019年度入試日程

◎ 推薦入試
1/22 火

◎ 一般入試
第1回 **2/10** 日
第2回 **2/12** 火
第3回 **2/18** 月

◎ 帰国生入試
第1回 **12/20** 木
第2回 **1/24** 土

◎ 外国人生徒対象入試
2/10 日

外国語科
・英語コース
・近隣語各コース
（中国語・ロシア語・韓国語・
タイ語・インドネシア語・ベトナム語）

普通科
・文理コース
・日本文化コース

関東国際高等学校

〒151-0071　東京都渋谷区本町3-2-2
TEL. 03-3376-2244　FAX. 03-3376-5386
http://www.kantokokusai.ac.jp

Success15 fifteen

http://success.waseda-ac.net/

CONTENTS

12

サクセス15
December 2018

表紙：筑波大学附属駒場高等学校

KOSEI DREAM

～夢をかなえる、世界のステージで～

◆ 2017年度 スーパーグローバルハイスクール
全国高校生フォーラム「文部科学大臣賞」受賞

◆「Global Link Singapore2018」
ポスターセッション（社会部門）で準優勝！

過去２年間で英検１級７名、準１級70名！

学校説明会

11/24（土） 14：30～16：00
12/ 1（土） 14：30～16：00

出願直前個別相談会

12/ 5（水） 12/ 7（金）
12/10（月） 12/12（水）
各16：00～19：00

2019年度入試日程

■帰国生入試	11/22（木） 12/ 6（木） 1/22（火） 1/30（水）
■推薦入試	1/22（火）
■第１回一般入試	2/10（日）
■第２回一般入試	2/12（火）

佼成学園女子高等学校

東京都世田谷区給田2-1-1　☎03-3300-2351　http://www.girls.kosei.ac.jp/
【アクセス】京王線「千歳烏山駅」徒歩6分　小田急線「千歳船橋駅」から京王バス15分「南水無」下車

将来役立つ力を養う

いま注目の「探究学習」

高校の学校案内や学校説明会、または『サクセス15』の学校紹介ページなどで、「探究学習」という言葉をよく目にすると思います。「探究学習」は、現在、多くの学校で行われており、2022年４月施行開始予定の新学習指導要領でも高校で新たに「探究」の表記のある科目が増えるなど注目が高まっています。その内容は個人研究やグループ研究、フィールドワーク、プレゼンテーション、論文作成など、学校により取り組み方は多様ですが、どれも生徒の考える力の育成をめざした内容です。「探究学習」が重要視される背景や実際に高校で行われている学習の様子をご紹介します。

これからの時代に必要な「探究力」

安田教育研究所 代表
安田《やすだ》 理《おさむ》

最近、学校説明会を訪れると、とくに私立の中高一貫校を中心に「探究」について語る学校が増えています。なぜいま「探究」なのか、またどんな学習内容なのか、背景と実際について安田教育研究所の安田理代表に聞きました。

安田 理

安田教育研究所代表。東京都生まれ。早稲田大学卒業。教育の専門家として、講演・執筆・情報発信、セミナーの開催、コンサルティングなど幅広く活躍中。

「受け身」の姿勢からの脱皮

わが国の学校教育は、教科面では各学問分野の研究成果を各学校段階に応じて伝達するという機能を果たしてきました。そのために内容的には「多くの知識を与え、それを理解させる」という色彩が強く、生徒の姿勢も教えられたことを身につけるという「受け身」の姿勢にならざるをえませんでした。先行するモデルがあり、それを追いかければよかった時代は、従来型の教育で特段問題はありませんでした。また、多くの事柄が国内で完結していましたから、海外との交流は一部の人間が担えば済んでいたのです。

しかし、成長が止まり、社会が閉塞状況に陥った現在、従来型のインプット中心の教育では、困難な状況を打開できる人間はなかなか育たないことがわかってきました。

また、これまでは日本人同士「わかりやすい」人とばかりつきあってきましたが、これからは異なる文化・背景を持った「論理的に説明しなければわかってもらえない」人とつきあっていかなければならなくなります。これからのグローバル社会を考えれば、「自分の頭で粘り強く考えられる思考力」、「自分なりの考え、意見を相手に伝わるように説明できる表現力」といった主体的な「能力」を身につけることが欠かせません。「学びの質の転換」を図らなければならないのです。

次期高校学習指導要領では「探究」を冠した科目が多数新設される

そこで文部科学省は、次期高等学校学習指導要領ではこれらの力を養成する目的で、「探究」を冠した科目を多数新設します。

「古典探究」「世界史探究」「理数探究」「総合的な探究の時間」といった具合です。

そうした動向を受けて、とくに、私立の中高一貫校を中心に、ここ1、2年「探究学習」（学校によっては「探求学習」という言い方をしています）に力を入れるところが増えています。すべての授業を「探究的」にすると、どうしても各教科の知識のインプットが弱くなるので、週1時間ないし2時間を特設科目としているところが多く見られます。

例えば、かえつ有明は「プロジェクト」、安田学園は「探究」という名称にしています。『探究女子』というキャッチフレーズで取り組んでいるトキワ松学園は「思考と表現」という名称です。実際のところを見てみましょう。

みつける しらべる わかちあう

この小見出しはトキワ松学園の「探究学習」のキャッチフレーズですが、「探究学習」の中身を端的に表現していると思います。

この学校では「思考と表現」は図書室で行います。司書2名（国語と社会の免許を所持）が主導し、「資料検索力をつける」「言語技術をみがく」「対話する」「論理力を高める」ことをめざしています。

こうした「探究学習」を経験した生徒に感想を聞くと、「理由をつけて自分の考えを述べることができるようになった」「話しあいで、人の意見を聞いて、自分の考えを言えるようになった」という言葉が返ってきました。まさに感想としてあげていることこそ「探究学習」のめざすところなのです。

保護者も意識を変えたい

私が接している受験生の保護者の多くは、いまはまだ、安全・確実なレールにわが子を乗せたいと、大学受験を強く意識して、学校選択においても、授業時間数、放課後の補習・講習の時間数、どの程度先取りしているか、難度の高い教科書を使っているかなど、量的な面を重視する傾向が強いのが現実です。

しかし、これから子どもが生きていく社会を考えれば、これまで述べたような「資質」「能力」は必需品だと思います。私自身は、子どもたちが長い人生を生きていくときに、仕事が与えられるのを待っているのではなく、自分で仕事を見つける、作り出すといった能力が必要になるので、こうした「探究」という科目が生まれたのだと考えています。

1～5の写真は学校提供

教科横断的な課題に取り組み 将来必要となる力を身につける

研究に必要なスキルを磨き 3分野からテーマを設定

従来より探究的な取り組みを授業に取り入れてきた筑波大学附属高等学校（以下、筑波大附属）。現在は、スーパーグローバルハイスクール（ＳＧＨ）のプログラムの一環として、教科横断的な探究活動を行うＳＧＨスタディも実施されています。

ＳＧＨスタディは高1～高3まで設定されているプログラムです。高1ではまず、課題研究に必要なスキルを身につけます。複数の教員がそれぞれの専門を活かして情報の集め方、データの取り方などについて授業を行います。

そうしたスキルを身につけたうえで、高2から実際に課題研究に取り組んでいきます。

なお、課題研究は3～6人の班で行います。「社会に出た際には、周りの人と協働することが求められるので、課題研究でも個人ではなく班で活動させています」と熊田先生。

テーマは第1分野「オリンピック・パラリンピックにおける諸課題」、第2分野「地球規模で考える生命・環境・災害」、第3分野「グローバル化と政治・経済・外交」の3つから、いずれかにかかわるものを設定します。これまでに「肉体的疲労とパフォーマンスの関係性（第1分野）」「水質改善～人類が持続的に飲める水をつくる～（第2分野）」「日本の伝統文化を海外に広めるためには（第3分野）」などがありました。

前述したように、ＳＧＨスタディの課題研究は教科横断的なもので、例えば、あまり利用されていない文京区の公園をどのように改善すべきかをテーマにした班は、地理や地形などの社会科的な面に加え、公園にある植物といった理科的な面からもその改善方法を検討しました。このように教科ごとの学びでは難しいテーマについて取り扱うことができるのもＳＧＨスタディの魅力です。

また、課題研究と修学旅行を連携させる試みが行われているのも特徴です。筑波大附属の修学旅行は沖縄やシンガポールなど、毎年異なる場所を訪れていますが、生徒にその場所に関連したテーマを設定するよう

東京　国立　共学校

筑《つく》波《ば》大《だい》学《がく》附《ふ》属《ぞく》高等学校

所在地：東京都文京区大塚1-9-1
アクセス：地下鉄有楽町線「護国寺駅」徒歩8分、
地下鉄丸ノ内線「茗荷谷駅」徒歩10分
TEL：03-3941-7176
URL：http://www.high-s.tsukuba.ac.jp/shs/wp/

SGH担当
熊《くま》田《だ》 亘《わたる》先生

1　図書館などを使って、情報収集の仕方といった課題研究に必要なスキルを身につけます

2　同じテーマを研究したい生徒同士で班を作ります

3　課題研究の班には1人ずつ担当教員がつくので、研究について相談しながら進められます

4　高3のポスターセッションでは、ほかの班の研究に触れることができます

5　優秀な研究を行った班は、発表会で口頭発表も行います

促し、現地でフィールドワークをします。

テーマ設定について、熊田先生は「生徒たちはテーマ設定に苦戦しています。しかし、試行錯誤することも課題研究における重要なプロセスだと考えています。最初はどうしてもテーマが大きくなりがちですが、テーマを絞ることで、高校生でもその課題に対する解決方法を提案できるようになります」と話されます。

班ごとに研究を深め 論文とポスターで成果を発表

研究は、高1で身につけたスキルを使って、図書室の本やインターネットの情報からデータを集めたり、校外でフィールドワークや街頭インタビューを行ったり、大学や研究機関に取材したりと、さまざまな方法で進められていきます。

「課題研究において大切にしてほしいのは、なにか新しいものを見つけたり、提案したりしてほしいということです。そのためにはしっかりとしたデータを集めることやその課題についてのこれまでの研究を調べることも重要です」と熊田先生。

研究の成果は、高3の5月末までに1～2万字の論文にまとめます。論文の概要は日本語と英語、両方で書き、すべての班のものが1つの冊子にまとめられます。さらに研究成果をまとめたポスターを体育館に貼り出して発表を行うポスターセッションも実施されています。

「いまは、わからないことがあれば、すぐにインターネットなどで調べることができる時代です。では、今後どのような力が求められるのかというと自分で問いを立てる力や、その問いについてリサーチしていく力なのではないかと思います。ですから、高校時代にそうした取り組みをして、将来にわたって使える力を身につけてほしいと思っています。SGHスタディにかかわらず、本校は生徒が知的な好奇心を持った際に、それに対応できるシステムや教員がいる学校なので、色々な疑問を持っている人にぴったりだと思います」（熊田先生）

「大学や社会で求められる力をSGHスタディで身につけてほしい」（熊田先生）

東京　私立　男子校

早稲田大学《わせだだいがく》高等学院

公民科
後藤《ごとう》 潤平《じゅんぺい》先生

教務主任
本木《もとき》 弘悌《ひろやす》先生

所在地：東京都練馬区上石神井3-31-1
アクセス：西武新宿線「上石神井駅」徒歩7分
T E L：03-5991-4151
U R L：https://www.waseda.jp/school/shs/

2年間の学習を通して 知的探究心を育み探究力を培う

1　高３のゼミでは、それぞれの発表を聞いて互いにアドバイスをしあいます

2　高２総合的学習の時間では20人１クラスで探究の手法を学びます

3　11月の学芸発表会ではさまざまな研究が展示・発表されます

4　高２の２学期は３人ずつのグループに分かれて探究学習を進めます

5　高３の卒論は優秀作品がこのように論文集にまとめられます
抜粋：「ケアリが蚊に与える影響（クロクサアリ様とケアリとその分泌液はヒトスジシマカ（オス）を殺す？）」「観光地としての東京タワーの変化（東京スカイツリー開業前夜の比較）」「現代サッカー戦術論（サッカーと将棋の共通性から）」など

高2は探究の手法を各学期でステップアップ

早稲田大学高等学院（以下、早大高等学院）は、原則全員が早稲田大学へ進むという特色を活かし、高2・高3の2年間をかけて、丁寧に探究学習に取り組んでいます。

「生徒には探究力を持って進学してほしいので、『総合的な学習の時間』では、高2は探究の手法を学び、高3はその手法も活かして、自由に設定したテーマについて1万2000字以上の卒業論文（以下、卒論）を執筆します」（後藤先生）

高2の学習は、4クラスから5人ずつ集めた20人のクラスを1人の教員が担当します。「3年間クラス替えがないので、他のクラスの生徒と交流するよい機会になります」と本木先生。

1学期は個人で取り組みます。最初に「高校生の生活と意識に関する調査※」を全員に行い、そのデータを分析することで、自分たちの特徴や他国の高校生との違いを探り、そこからわかることを発表します。2学期はグループで取り組みます。社会問題に目を向けて、その解決のためのアイデア（例・色覚異常の人でも利用しやすい信号機の設置、放置自転車を減らすためにレンタサイクルの導入など）を考えていきます。

「まずは個人で取り組み探究の手法を身につけ、次にグループで課題解決に向けて議論を交わします」（後藤先生）

1・2学期を通して、情報収集、資料分析、仮説を立てて導かれた結論までをプレゼンテーションします。そのうえで、3学期はいくつかの問いに対して、1200字程度で小論文を作成します。これは「1～3学期は、課題発見、課題解決のプロセスを身につけるという狙いは一貫しています。ただ、『話す』という表現手法だけでなく、『文章』で表現する力も鍛えたい」（後藤先生）との考えから実施されています。

好奇心を形として結実させる高3の卒業論文

高3は生徒10人、教員1人のゼミ形式で進めます。先生方によると、最初は卒論テーマが壮大になりがち

※国立青少年教育振興機構が４カ国（日本、アメリカ、中国、韓国）の高校生を対象に行う調査

1

2

4

5

1～4の写真は学校提供

なのだそうです。そのため、1学期はテーマを設定した理由、研究の進め方などを発表しあい、そこでの質疑応答やアドバイスをふまえて、論証方法や自分たちの論証の道筋を検証していきます。

「教員は担当教科を中心に、専門として指導できる分野を提示、その一覧をもとに生徒が希望を出してゼミのマッチングをしていきます。なかには別分野の生徒が集まることもありますが、だからこそ互いの研究が刺激になると感じます」（本木先生）

その言葉通り、本木先生のゼミ生は「台湾台北市の発展と日本統治の影響」「地場産業としての金魚養殖業について」、後藤先生のゼミ生は「エコノミストが発表する株価予測から、株価の変動要因を探る」「人口密度と18～19歳の投票行動」など多彩なテーマを設定しています。

そうしてテーマを絞り込んだら、1学期から夏休みに教員と面談を重ねながら各自執筆を進め、2学期に仕上げをして10月末に提出します。さらに、6月と11月には他ゼミとの合同発表会を行うのも特徴です。

後藤先生が「みなさんも色々な興味関心を持っていると思うので、そうした好奇心を大切にしてほしいです」と話せば、「卒論はその好奇心を形にして結実させる取り組みだと思います。『形にする』というプロセスは、研究スタイルを身につけるという点でとても意味があるもので、この力は大学で必ず役に立ちます」と本木先生。

そのほか、早稲田大学の授業支援システム「Course N@vi」を利用して資料が簡単に共有できたり、希望者は早稲田大学の施設を使って高度な実験に挑戦したり、同窓会の奨励金制度を活用できたりと、魅力的な環境が整うなかで探究学習に取り組める早稲田大学高等学院です。

「卒論に苦戦する生徒も多いですが、苦しんだ経験こそが生徒の力になっていると感じます」（本木先生）

これまでおもに高2の指導を担当し、今年から卒論の指導にもかかわるようになった後藤先生

栄東
発見
English!
Active learning
熊本地震救援
栄東祭でつくった熊本城から
みんなの声援を発信!!
アメリカAL
人種・言語を越えた人とのつながり
ミルトンハイスクールに体験入学
ALの集大成
キャリアAL
進路ガイダンス
身近な先輩からのメッセージ
飾らない言葉がもつ説得力
AL土曜講座
スキなことを探究する力
論理的なプレゼン能力
キャンパス
可能性を広げる
豊かな教育環境
教科AL
みんなで
つくる授業
わきあがる
好奇心
クラブAL
打ち込めるもの
輝ける場所が必ずある
栄東祭
サカエヒガシ魂を結集
ALの祭典!!
カリキュラム・クラス
目標到達に向けたカリキュラム
個々の志望に応じた柔軟なクラス編成
知る・探る・究める
栄東のアクティブ・ラーニング!!
校外AL
教室の学習を深化
実地体験をプレゼン&
ディスカッション!!
イラスト 美術部
インターナショナルプログラム
世界を舞台に活躍する人材を育成
海外のエリート大学へも進学!!
栄東高等学校
〒337-0054 埼玉県さいたま市見沼区砂町2-77（JR東大宮駅西口 徒歩８分）
◆アドミッションセンター TEL：048-666-9288 FAX：048-652-5811

縦横無尽の東大さんぽ

text by キャシー

Vol.9

国語の苦手を克服するには？

前回、私がアメリカで体験した国語教育について紹介した流れで、今回は日本での国語の勉強に関するお話をしようと思います。多くの国公立大学では大学入試センター試験で国語の試験を受けることが必要ですし、東大の二次試験では文理問わず国語が出題されます。これは現在のシステムでの話になりますが、２０２０年度以降に大学入試のあり方が変わったとしても、国語教育は変わらず重視されるはずです。

でも、国語って難しいですよね。日本語は母国語として日常的に触れているはずなのに、いざ国語のテストになると、なかなか点が取れない人もいるのでは？　努力が結果に結びつきづらい科目ナンバーワンと言ってもいいかもしれません。そんなみなさんのために、天才的に国語ができる東大生の友だち（文科一類から法学部へ進学した3年生）による、国語攻略法をご紹介します。

まずは現代文。受験で出題されやすい論述文を読み解くコツを教えてもらいました。彼曰く、現代文を解くときに大事なのは、筆者の考えを述べている部分と、一般論が述べられている部分を見極めることだそう。例えば筆者が「多くの人はこう思っているけど、自分は違うんだ」という論理展開を行うときは、「しかし」や「けれども」など、文と文の対比を際立たせる単語を使うので、そこに注目するといいのだといいます。

また、彼は授業で扱った筆者のほかの作品も読むようにしていました。そうすることで、物語文なら筆者の世界観や思考回路を知ることができますし、論述文ならそのテーマについてもっと深い知識を得ることができます。読書の秋ですし、時間のある方はぜひこの方法を取り入れてみてください。

古文と漢文については、彼は音読をおすすめしていました。まず文章の構文や意味を理解する。そのあと、その文章を何回も音読することで、まるで新しい言語を勉強するかのように古文や漢文の内容を頭に入れていったのだそうです。古文や漢文をどちらかというと英語の勉強のようにとらえるというのは新しいな、と私はびっくりしました。

国語は勉強しづらい科目だと思われがちですが、ここまで紹介したように、工夫できることはたくさんあります。だんだん寒くなってきましたが、身体に気をつけて、勉強にもよりいっそう励んでいきましょう！

今月の挑戦!!

ビジネスコンテスト運営での貴重な経験

みなさんはビジネスコンテスト（略してビジコン）やハッカソンという言葉を知っていますか？　これらは社会的課題を解決するアイデアを発表するコンテストで、優勝すると賞品がもらえたり、アイデアを形にするチャンスがもらえたりします。

いま私は「Hult Prize」というビジコンの東大支部で渉外として運営に携わり、企業の方や大学教授と交渉して、審査員を手配する仕事をしています。審査員は外国の方に依頼しますし、運営メンバーは私以外全員留学生なので、仕事では英語を使っています。外国人を含むチームで働く経験、社会人とかかわる経験をしたいという理由から挑戦した活動ですが、目的に見合う経験ができて、非常にいい学びを得ています。

ちなみに「Hult Prize」は、世界規模で開催されるコンペティションです。毎年世界中の大学生が参加していて、大会を勝ち抜いたチームにアイデア実現のための資金１００万ドルが支給されます。中学生も参加できるコンテストは色々あるはずですから、ぜひ調べてみてください！

日本にもこんなにたくさん

人類の歴史が刻まれた「世界遺産」

みなさんは「世界遺産」という言葉を聞いたことがありますか。今年に入って、日本の「長崎と天草地方の潜伏キリシタン関連遺産」が登録されたことをニュースなどで知った人もいることでしょう。世界遺産は、これまでの地球や人類の歴史から生み出されたかけがえのない資産です。どのような経緯でその概念が生まれ、なぜ守っていかなければいけないのか、そして、日本にはどのような世界遺産があるのかをご紹介します。

世界遺産は地球上に

1092件

日本には

22件

（ユネスコHPより）

「世界遺産」とは

世界中にある文化遺産や自然遺産を、人類全体のための遺産として、破壊、損傷などの脅威から守り、未来へと保存していくために、国際的な協力や援助の体制を整えていくことを目的として１９７２年（昭和47年）にユネスコ（国際連合教育科学文化機関、ＵＮＥＳＣＯ）総会で採択されたのが「世界遺産条約」（正式名称は「世界の文化遺産及び自然遺産の保護に関する条約」）です。１９７５年（昭和50年）に発効され、日本は１９９２年（平成４年）に締結しています。

この条約に基づいて作成された「世界遺産一覧表」に記載されている物件のことを「世界遺産」と呼びます。

建造物や遺跡などの「文化遺産」と、自然地域などの「自然遺産」、その両方の要素を持つ「複合遺産」の３種類があり、現在、１０９２件（うち文化遺産８４５件、自然遺産２０９件、複合遺産38）が登録されています。

２０１８年（平成30年）６月〜７月に開催された第42回ユネスコ世界遺産委員会でリストへの記載が決定された「長崎と天草地方の潜伏キリシタン関連遺産」（文化遺産）を含め、日本には22件の世界遺産があります（うち文化遺産18件、自然遺産４件）。

世界遺産への登録は、左表にある登録基準のなかから１つ以上の基準を満たし、さらにその候補物件がある国において、しっかりとした保護管理が行われているか、などが審査

世界遺産登録基準

(i) 人間の創造的才能を表す傑作である。
(ii) 建築、科学技術、記念碑、都市計画、景観設計の発展に重要な影響を与えた、ある期間にわたる価値感の交流又はある文化圏内での価値観の交流を示すものである。
(iii) 現存するか消滅しているかにかかわらず、ある文化的伝統又は文明の存在を伝承する物証として無二の存在（少なくとも希有な存在）である。
(iv) 歴史上の重要な段階を物語る建築物、その集合体、科学技術の集合体、あるいは景観を代表する顕著な見本である。
(v) あるひとつの文化（または複数の文化）を特徴づけるような伝統的居住形態若しくは陸上・海上の土地利用形態を代表する顕著な見本である。又は、人類と環境とのふれあいを代表する顕著な見本である（特に不可逆的な変化によりその存続が危ぶまれているもの。
(vi) 顕著な普遍的価値を有する出来事（行事）、生きた伝統、思想、信仰、芸術的作品、あるいは文学的作品と直接または実質的関連がある（この基準は他の基準とあわせて用いられることが望ましい）。
(vii) 最上級の自然現象、又は、類まれな自然美・美的価値を有する地域を包含する。
(viii) 生命進化の記録や、地形形成における重要な進行中の地質学的過程、あるいは重要な地形学的又は自然地理学的特徴といった、地球の歴史の主要な段階を代表する顕著な見本である。
(ix) 陸上・淡水域・沿岸・海洋の生態系や動植物群集の進化、発展において、重要な進行中の生態学的過程又は生物学的過程を代表する顕著な見本である。
(x) 学術上又は保全上顕著な普遍的価値を有する絶滅のおそれのある種の生息地など、生物多様性の生息域内保全にとって最も重要な自然の生息地を包含する。

されて決定されます（左ページ左上表）。

現在、世界遺産が最も多く登録されている国はイタリア（54件）で、中国（53件）がそれに続いています。3位はスペイン（49件）で、日本は12位です。

地域別では、ヨーロッパおよび北アメリカ地域に514件、アジアおよび太平洋地域に258件、南アメリカ地域とカリブ海諸島に141件、アフリカ大陸に95件、アラブ地域に84件となっています（ユネスコHPより）。

守り続けていくことの難しさ

世界遺産は、人類にとって大切な資産を国内はもとより、国際的な協力のもとで守っていこうという趣旨で登録されていますが、そのなかでも危機的な状況に置かれているものは「危機遺産リスト」に登録され、「危機遺産」と呼ばれています。「危機遺産」には、2001年（平成13年）にタリバンによってさまざまな遺産が破壊されたアフガニスタンの「バーミヤン渓谷の文化的景観と古代遺跡群」などがあります。

日本には危機遺産こそありませんが、世界遺産に登録されると一気に注目を浴び、多くの観光客が訪れることになります。観光客が増えることは、地域にとってはいいことなのですが、ときにその増加によって、建造物への迷惑行為やゴミ問題などが深刻化することがあります。

例えばギリシャのパルテノン神殿には、年間100万人を超える観光客が訪れるそうです。その結果、遺跡のさまざまな場所がどんどんすり減るという問題が起きているのです。

次のページで日本の22の世界遺産をご紹介しています。多くの学校で修学旅行の訪問先になっている京都、奈良、広島、沖縄にも世界遺産があり、じつはみなさんが行った、もしくはこれから行く予定だ、という場所もあることでしょう。

その際には、ぜひ、こうした人類全体にとって大切な遺産を守るにはどうしたらいいかということに、少し思いをはせてみてください。

世界遺産登録までの流れ

Step1 条約締約国の推薦

国内の世界遺産候補物件リスト（暫定リスト）のなかから条件が整ったものを世界遺産委員会に推薦します。

↓

Step2 専門機関による調査

文化遺産は国際記念物遺跡会議（ICOMOS）、自然遺産は国際自然保護連合（IUCN）が調査します。

↓

Step3 世界遺産委員会（原則年１回）

それぞれの専門機関からの報告書をもとに、世界遺産リストに登録するかどうかが決定されます。世界遺産委員会は、条約締約国21カ国の代表から構成されています。

※公益財団法人 日本ユネスコ協会連盟のHPをもとに作成

世界遺産が最も多くある国は…

1位は イタリアで 54

「ピサの斜塔」などを含む「ピサのドゥオモ広場」や、「レオナルド・ダ・ヴィンチの『最後の晩餐』があるサンタ・マリア・デッレ・グラツィエ教会とドメニコ会修道院」など

2位は 中国 で 53

「万里の長城」など

3位は スペイン で 47

「サグラダ・ファミリア」で有名な「アントニ・ガウディの作品群」など

日本は 12位

（ユネスコHPより）

存続が危ぶまれている世界遺産「危機遺産」の数は 54

（ユネスコHPより）

世界遺産についての情報が掲載されているHP

ユネスコ
https://whc.unesco.org/（英語）

日本ユネスコ国内委員会（文部科学省内）
http://www.mext.go.jp/unesco/

日本ユネスコ協会連盟
http://www.unesco.or.jp/

完全ＭＡＰ

 自然遺産　■ 文化遺産

　このページでは日本にある22の世界遺産を紹介します。世界遺産は1つの場所だけをさすものだけではなく、複数の地域、建物が指定されていることも多いので、興味を持ったら、いったいどんなものが指定されているのか調べてみましょう。

※2つの府県にまたがる世界遺産は、代表的な物件がある場所に、所在を示すポイントを置いています。

知床（北海道）

by Mamusi Taka

自然遺産
登録：2005年7月
写真：フレペの滝

白神山地（青森県、秋田県）

by らんで

自然遺産
登録：1993年12月
写真：白神岳

平泉－仏国土（浄土）を表す建築・庭園及び考古学的遺跡群（岩手県）

by Tomokazu Kitjaima

文化遺産
登録：2011年6月
写真：毛越寺浄土庭園

日光の社寺（栃木県）

by そらみみ

文化遺産
登録：1999年12月
写真：日光東照宮

白川郷・五箇山の合掌造り集落（岐阜県、富山県）

文化遺産
登録：1995年12月
写真：白川郷

富岡製糸場と絹産業遺産群（群馬県）

by yellow bird woodstock from JAPAN

文化遺産
登録：2014年6月
写真：富岡製糸場

ル・コルビュジエの建築作品－近代建築運動への顕著な貢献－（国立西洋美術館＝東京都）

by Kakidai

文化遺産
登録：2016年7月
写真：国立西洋美術館

小笠原諸島（東京都）

by Anagounagi

自然遺産
登録：2011年6月
写真：父島

富士山－信仰の対象と芸術の源泉（山梨県、静岡県）

by Midori

文化遺産
登録：2013年6月
写真：富士山

日本の世界遺産

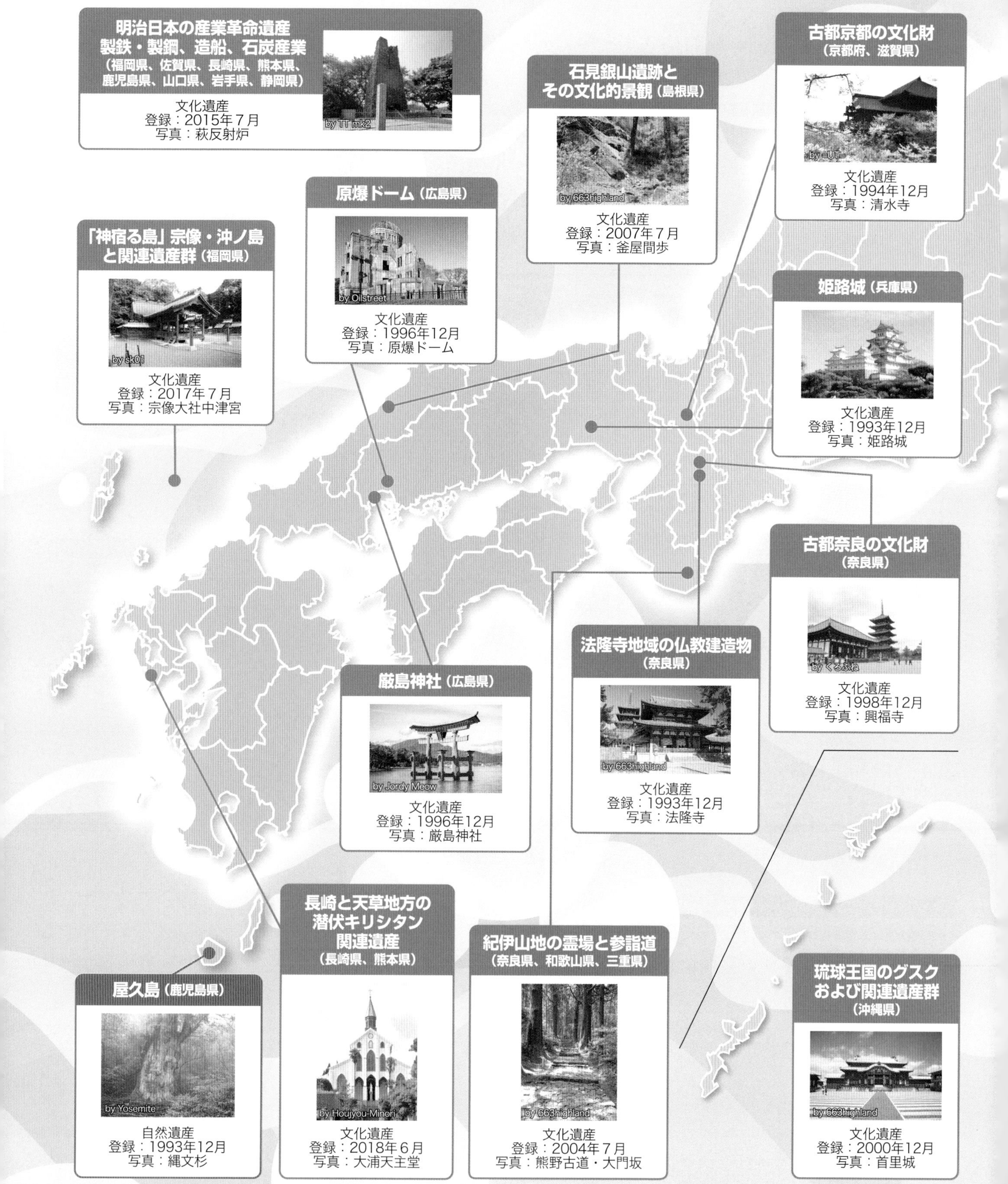
明治日本の産業革命遺産
製鉄・製鋼、造船、石炭産業
（福岡県、佐賀県、長崎県、熊本県、鹿児島県、山口県、岩手県、静岡県）
by TT mk2
文化遺産
登録：2015年７月
写真：萩反射炉
石見銀山遺跡とその文化的景観（島根県）
by 663highland
文化遺産
登録：2007年７月
写真：釜屋間歩
古都京都の文化財
（京都府、滋賀県）
by =UT=
文化遺産
登録：1994年12月
写真：清水寺
原爆ドーム（広島県）
by Oilstreet
文化遺産
登録：1996年12月
写真：原爆ドーム
「神宿る島」宗像・沖ノ島と関連遺産群（福岡県）
by sk01
文化遺産
登録：2017年７月
写真：宗像大社中津宮
姫路城（兵庫県）
文化遺産
登録：1993年12月
写真：姫路城
古都奈良の文化財
（奈良県）
by くろふね
文化遺産
登録：1998年12月
写真：興福寺
法隆寺地域の仏教建造物
（奈良県）
by 663highland
文化遺産
登録：1993年12月
写真：法隆寺
厳島神社（広島県）
by Jordy Meow
文化遺産
登録：1996年12月
写真：厳島神社
屋久島（鹿児島県）
by Yosemite
自然遺産
登録：1993年12月
写真：縄文杉
長崎と天草地方の潜伏キリシタン関連遺産
（長崎県、熊本県）
by Houjyou-Minori
文化遺産
登録：2018年６月
写真：大浦天主堂
紀伊山地の霊場と参詣道
（奈良県、和歌山県、三重県）
by 663highland
文化遺産
登録：2004年７月
写真：熊野古道・大門坂
琉球王国のグスクおよび関連遺産群
（沖縄県）
by 663highland
文化遺産
登録：2000年12月
写真：首里城

東京都　世田谷区　男子校

筑波大学附属駒場高等学校

Senior High School at Komaba, University of Tsukuba

さまざまな教育プログラムに生徒が自由に挑戦できる環境

School Data

所在地 ▶ 東京都世田谷区池尻４-７-１

アクセス ▶ 京王井の頭線「駒場東大前駅」徒歩７分、東急田園都市線「池尻大橋駅」徒歩15分

生徒数 ▶ 男子のみ488名

ＴＥＬ ▶ 03-3411-8521

ＵＲＬ ▶ https://www.komaba-s.tsukuba.ac.jp/

- ３学期制
- 週５日制
- 月～金６時限、土４時限（土曜は隔週授業）
- 50分授業
- １学年４クラス
- １クラス約40名

自由・闊達《かったつ》な校風のもとで、自主的・主体的な学校生活を送ることができる筑波大学附属駒場高等学校。教員手作りの教材が活用される各教科の授業に加え、水田学習や課題研究など、独自の教育プログラムも魅力的です。こうした教育により、「真の学力」が養成されています。

林《はやし》 久喜《ひさよし》 校長先生

自分の個性を伸ばしつつ集団としての力を育む

筑波大学附属駒場高等学校（以下、筑波大附属駒場）は、１９４７年（昭和22年）に東京農業教育専門学校附属中学校として開校され、その2年後、東京教育大学の附属校となりました。そして１９７８年（昭和53年）には筑波大学の附属校となり現在の校名に改称されました。２０１７年（平成29年）に創立70周年を迎えた伝統ある名門男子校です。

教育方針は「『学業』『学校行事』『クラブ活動』の３つの教育機能を充実させ、学校という場で生徒の全面的な人格形成を促し、発達させていくところにある」とされ、学校目標には「自由・闊達の校風のもと、挑戦し、創造し、貢献する生き方をめざす」と掲げられています。

学校目標にもある通り、その校風は自由・闊達で、学校が細かな決まりごとを作ることはせず、生徒は自分たちでどうすべきかを考えながら日々の学校生活を送っています。

「生徒は個々に興味の持てることを見つけて、伸びのびと取り組んでいます。学業にしろ、スポーツにしろ、文化系の活動にしろ、自由に挑戦できる場です。その一方で大切にしてほしいのは、集団でなにかを達成する力を養うことです。社会のなかで物事を成し遂げていくには、個人では限界がありますから、ほかの人と協力して取り組む力を伸ばしてほしいです」（林久喜校長先生）

筑波大附属駒場では、高入生と併設の附属中学校から進学してくる連絡生が高1から同じクラスで学びます。1クラスに高入生が10名と連絡生が30名の編成です。入学後すぐに仲間作りを目的とした登山やスポーツ大会などを行う菅平校外学習が実施されるので高入生も安心です。

特色ある取り組み

筑波大学研究室訪問

タイ国際サイエンスフェアでの課題研究発表

水田学習

さまざまな取り組みをする筑波大附属駒場。学校の近くにある田んぼで米作りをする水田学習は創立以来の伝統です。そのほか課題研究や筑波大との高大連携教育なども魅力的です。

教養主義のカリキュラム「真の学力」を養う学び

カリキュラムは、リベラルアーツ（教養主義）を基本とします。高1は芸術科目、高2は芸術科目と理系科目の一部を除いて共通科目を学び、高3でも文系と理系に分けず、多くの選択科目から進路方向によって科目を選びます。教員作成の教材が多用され、好奇心と探究心を伸ばすとともに、「真の学力」を養成する授業が展開されています。

「真の学力のベースとなるのは各教科の基礎的な知識です。それらをつなげて活用する力、話を聞いてどこが大切なのかをくみ取る力、知識を理論的に組み立て表現する力など、色々な力が合わさることで真の学力となります」と林校長先生。

また、「本物に触れる」ことも大切にされており、創立以来続けられている「水田学習」もその1つです。

「高1全員が学校近くの水田で、1年間かけて、田植え、稲刈り、脱穀を経験し、できた米は卒業式と入学式に赤飯にして配ります。米作りをただ体験するのではなく、理科や社会科の教員が環境問題や稲作文化に関する授業をしたり、私も農業を専門としているので、米の品種や食糧自給率についての授業を行ったりしながら、農業についてさまざまな視点から学ばせます。本を読めば農業の大変さは理解できますが、実践することでその大変さがダイレクトに心に響くでしょう。また、自分が汗水たらして作ったものを人に食べてもらう経験は非常に貴重なことではないかと思います。先輩も経験した苦労を味わうことで上下のつながりも強くなります」（林校長先生）

多彩な学びを実施
地域にも貢献

水田学習以外にも、筑波大附属駒場では多彩な学びが行われています。

「関西地域研究」では、5、6名の班に分かれてテーマを設定し、高1の後半から事前学習をしたうえで、高2の5月に奈良と京都にフィールドワークに出かけます。テーマは「観光地と交通について」「歴史的建造物の再建」「宇治茶の現状」（2016年度）など多様です。調査後はレポートにまとめます。

高2の「課題研究」は、例年約10の講座が設定され、各自が興味のあるものを選んで研究を行っていきます。2018年度（平成30年度）は「法と社会（公民）」「三千年紀の数学で話そう（数学）」「生物の生態を探究する（理科（生物））」「ともに生きる（障害科学）」などの講座が設けられています。希望すれば高3でも研究を続けられます。

関西地域研究や課題研究により問いを立てる力や問いを探究していく力が育まれ、こうした力も「真の学力」へとつながっていくのです。

また、筑波大附属駒場は、スーパーサイエンスハイスクール（ＳＳＨ）に指定されており、全生徒が対象です。理系科目に加え、文系科目でも講演会を開くなど、各科目にＳＳＨの要素が盛り込まれています。

「専門の方から、プレゼンテーションの方法やその資料作りについて学ぶものや『国際数学オリンピック』でメダルを獲得した卒業生から数学についての講義を受ける講座などがあり、自由に受講できます。アメリカ、台湾、タイなどで研究発表をする機会もあります」（林校長先生）

ＳＳＨなどでは海外を訪れるプログラムが用意されており、高1と高2を対象に台湾の台中第一高級中学（日本の高校に相当）と韓国の釜山国際高校との相互交流が行われています。特に台中第一高級中学との交流は特徴的で、高1は学校紹介、高2は課題研究の発表を英語でします。台中第一高級中学の生徒も研究発表をし、質疑応答もするため、英語の運用能力が高められます。現地

国際交流

台中第一高級中学での課題研究発表

台中第一高級中学の交流授業

釜山国際高校との交流

台湾の台中第一高級中学と韓国の釜山国際高校と国際交流を行っています。現地の授業に参加したり、課題研究の成果を発表したりと、互いの文化に触れるだけではない貴重な学びの機会となっています。

クラブ活動

生物部

音楽部

筑駒Jugglers

クラブ活動も活発な筑波大附属駒場。「筑駒Ｊｕｇｇｌｅｒｓ」といったジャグリングをする珍しいクラブ（同好会）もあります。

学校行事

菅平校外学習

ロードレース

体育祭

文化祭

音楽祭

高1の5月に実施される菅平校外学習に始まり、学校行事が多いのも特徴です。各種行事は、生徒主体で運営されます。

画像提供：筑波大学附属駒場高等学校

で授業にも参加します。

「筑駒アカデメイア」も特徴的です。これは世田谷区と目黒区の住民に向けて公開講演会と公開講座を行う「学ぶ喜びの体験」を地域に還元する取り組みです。公開講演会は筑波大附属駒場の卒業生、公開講座は教員や生徒によるものです。今年度は8つの公開講座のうち「はじめよう！『ジャグリング』」「将棋を楽しむ」「いろいろな多面体をつくろう」「高校生といっしょに実験してみよう」の4つが生徒主催でした。

大学や卒業生との連携も魅力的

筑波大との連携教育も魅力で、高2全員が筑波大の研究室を訪問します。約30の研究室から1つ選び、医学を専門とする教授の研究室でiPS細胞についての実験をするなど、丸一日、実験や演習に取り組める附属校ならではの充実した内容です。

さらに、筑波大以外の大学教授による出前授業や、東京医科歯科大への訪問研修も行われます。

進路指導では卒業生と連携しています。高2の「進路懇談会」には、社会人のOB約40名が招かれ「法律」「マスコミ・出版」「情報工学」などさまざまな分野に分かれて、職業選択や大学での研究について話をしてくれます。高3では大学生や大学院生による「進学懇談会」で、大学受験に関する体験談、大学生活の様子などについて聞くことができます。

こうした進路指導プログラムで進路を探りつつ、年3回の期末考査（中間考査は実施なし）や、高2で1回、高3で3回行われる教員作成の特別考査によって自分のレベルを確認しながら学力を伸ばしていきます。

最後に林校長先生は「本校では色々な仕掛けを用意しています。自分のいいところを伸ばし、集団のなかでその能力を活かし、仲間を支えながら、自分をより高めていきたいと考える生徒さんを待っています」と話されました。

2018年度（平成30年度）大学合格実績抜粋（ ）内は既卒

大学名	合格者	大学名	合格者
国公立大学		私立大学	
東北大	2(0)	早稲田大	76(27)
千葉大	4(4)	慶應義塾大	75(26)
筑波大	1(1)	上智大	7(5)
東京大	109(29)	東京理科大	8(7)
東京医科歯科大	7(2)	中央大	5(4)
東京学芸大	1(1)	法政大	1(1)
東京工業大	4(2)	明治大	10(5)
一橋大	2(2)	立教大	1(1)
京都大	2(2)	東京慈恵会医科大	10(4)
大阪大	1(1)	順天堂大	7(5)
その他国公立大	6(5)	その他私立大	20(17)
計	139(49)	計	220(102)

School Navi
No. 291

東京都　豊島区　男子校

本郷《ほんごう》高等学校

School Data

所在地	東京都豊島区駒込４－11－１
生徒数	男子のみ957名
TEL	03-3917-1456
URL	http://www.hongo.ed.jp/
アクセス	JR山手線・都営三田線「巣鴨駅」徒歩３分、JR山手線・地下鉄南北線「駒込駅」徒歩７分

次世代のリーダーにふさわしい男子の育成

3つの教育目標で育む自立した生徒

1922年（大正11年）創立の伝統ある男子校として「文武両道」「自学自習」「生活習慣の確立」という3つの教育目標のもと、自立した生徒を育てている本郷高等学校。

「文武両道」を掲げ、高い学力を育むと同時に、部活動を通じて自分を鍛え、誇りと自信を獲得し、人間としての幅を広げることをめざしています。部活動の時間は週5日、1回3時間以内と規定されており、限られた時間のなかの練習で、それぞれが努力し、いい結果をめざしていくことが、勉強面での集中力にもつながっています。

そして、質の高い授業を通して生徒たちの学習意欲を引き出し、その意欲を自らで高める「自学自習」も大切にしています。自習のためのスペースとして、図書館や自習室はもちろん、「話せる自習室」と位置づけられるラーニング・コモンズが設置されているのが特徴の1つです。ここで友だちと相談したり問題を出しあうことで、意欲を高めて勉強に取り組むことができます。

また、定期的に「本郷数学基礎学力検定試験（本数検）」という本郷独自の数学の検定が行われるのも大きな特色です。得点によって級や段が認定される全学年共通問題のため、先輩、後輩の垣根を超えて自分の実力を確認する絶好の機会になっています。

本数検の試験は毎回始業式の日に行われており、生徒はそれぞれ長期休暇を利用して試験の準備を進めるため、自然と「自学自習」の習慣づくりにもなっています。

そのほか、独自の生活記録表や手帳を用いて自己管理能力を高めたり、読書の習慣づけと1日の始まりに心を整える時間として「朝読書」を設けるなど、「生活習慣の確立」につながっていきます。

こうした3つの教育目標を通じて、毎年東京大をはじめとした国公立大や、早慶上理などの難関私立大に多くの生徒を送り出しています。しかし、展望してほしいと考えているのは、大学進学だけではなく、その先にある未来です。

本郷高等学校は、自分がなにをし、どう生きるのか、それぞれが自らの力で考え、そのための目標を見つけて歩み出すことを力強くサポートする学校です。

School Navi
No. 292

神奈川県　横浜市　共学校

横浜翠陵《よこはますいりょう》高等学校

School Data

所在地	神奈川県横浜市緑区三保町1
生徒数	男子371名、女子421名
TEL	045-921-0301
URL	http://www.suiryo.ed.jp/
アクセス	JR横浜線「十日市場駅」徒歩20分またはバス、東急田園都市線「青葉台駅」・相鉄線「三ツ境駅」バス

「Think & Challenge!」の精神を大切に

建学の精神に「考えて行動のできる人の育成」を掲げ、「Think & Challenge!」をモットーに、自ら進んで色々なことに挑戦し、未来を切り拓いていくことができる生徒を育てる横浜翠陵高等学校。コースは、以下の3種類が設置されています。

1つ目は、週2日の7時間授業、隔週の「特別入試対策」などを通して学力を鍛え、国公立大学、難関私立大学をめざす「特進コース」。2つ目は、毎週10時間前後の英語の授業、高2の夏休みに行うイギリスでのグローバル研修（2週間）が特色の「国際コース」。3つ目は、多種多様な学びに触れられる「特別ゼミ」で教養を深め、高2からは文理に分かれて進路に応じた選択科目を履修する「文理コース」です。国際コースは難関私立大学や国際系学部を、文理コースはG-MARCHなどの大学をめざします。

「DUT理論」で学力向上をめざす

日々の学びでは「DUT理論」を実践しています。「DESIRE＝興味喚起（知りたい）」「UNDERSTAND＝理解（わかった）」「TRAINING＝演習（できた）」の頭文字をとったもので、生徒の興味や学習意欲を喚起させる→オリジナル教材を活用した授業で理解力を高める→「わかった」を「できる」につなげるため、問題演習を多く取り入れて知識の定着を促す、というサイクルをさした言葉です。このサイクルを繰り返して学力の向上をめざすとともに、成績が伸び悩む場合は原因を探り、丁寧にフォローしていきます。

さらに、成績カルテや日常の様子を記録したチャレンジノートなどをもとに面談を行うほか、職員室前に机とホワイトボードを備えた質問・自習スペース（ドリカム・コーナー）を設け、生徒の質問にいつでも対応できる環境を整えています。

また、さまざまな「理系プロジェクト」が用意されているのも魅力です。理系分野で活躍する方を招いて行う「土曜理系ゼミ」、慶應義塾大、中央大などの研究室で大学の学びを体感する「研究室訪問」、筑波宇宙センターや高エネルギー加速器研究機構といった研究所を訪問する「筑波研究学園都市見学ツアー」などが行われています。

自然に囲まれたキャンパスのもと、未来を切り拓く力を伸ばすことができる横浜翠陵高等学校です。

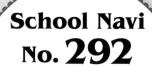

FOCUS ON

東京都立 西高等学校

TOKYO METROPOLITAN NISHI HIGH SCHOOL

萩原《はぎわら》 聡《さとし》 校長先生

School Data

◆所在地
東京都杉並区宮前4-21-32

◆アクセス
京王井の頭線「久我山駅」徒歩10分

◆TEL
03-3333-7771

◆生徒数
男子516名、女子465名

◆URL
http://www.nishi-h.metro.tokyo.jp/

- ２学期制（来年度より３学期制）
- 週５日制
- 月・水・金７時限、火・木６時限（高２は火曜７・８限に自由選択の第二外国語授業を実施）
- 50分授業
- １学年８クラス
- １クラス約40名

国際社会で活躍できる器の大きな人間を育成する

東京都の進学指導重点校にも指定され、都内屈指の進学校として名高い東京都立西高等学校。密度の高い授業に加え、「土曜特別講座」や「訪問講義」など、学力と教養を高める取り組みも魅力です。近年は国際理解教育にも力を入れ、国際社会で活躍するリーダーの育成がめざされています。

西高の教育理念は「文武二道」と「自主自律」

東京都立西高等学校（以下「西高」）は、1937年（昭和12年）に青山の地で、府立第十中学校として設立されたのが始まりです。1939年（昭和14年）に現在の杉並区に移転。1950年（昭和25年）に現校名になりました。

教育理念には「文武二道」と「自主自律」が掲げられ、「国際社会で活躍できる器の大きな人間の育成」をめざして魅力ある教育活動が行われています。

西高の教育について、萩原聡校長先生は「『文武二道』とは、文（学習・教養）と武（学校行事、部活動、課外活動など）の2つの道を極めることです。文の中心は質の高い授業。そして武の中心は生徒が主体となって作りあげる学校行事や部活動です。

勉強も部活動もとなると忙しくなりますが、あれもこれも自分がその瞬間にやれることを一生懸命に取り組んでいく経験が大切だと思います。高校3年間で色々な体験をして自分の土台をしっかりと築くことで、『器の大きな人間』へと成長してほしいです」と話されました。

学力を育むカリキュラム 来年度から3学期制に

西高は2019年度に2学期制から3学期制へと変わります。

「2学期制の現在でも定期考査は年に5回実施しており、3学期制になることでその数が変わることはありません。大きな違いは学期ごとに出す成績が2回から3回になる点です。9月に出していた成績は、3学期制では7月の夏休み前になります。成績を見て、長期休業の前に勉強の達成度や課題を確認することで、これまで以上に夏休みを有意義に使えるようになるのではないでしょうか」（萩原校長先生）

カリキュラムは多くの教科・科目を学べる6教科7科目対応型。1・2年次はすべての科目を共通履修し、3年次に文系と理系に分かれ、必履修科目のほか、各自の進路に応じて必要な選択科目を履修します。

一部の科目（英語・数学・古文）では習熟度別授業を採用し、生徒の実力に合わせた丁寧な指導が行われています。

習熟度別授業では標準レベルと発展レベルに分かれます。

施設

教員と卒業生による多彩な講座が目白押し

西高では、講習・補習、多彩な内容の講座など、教育課程外での学習サポートや知的好奇心を刺激する教養教育が充実している点も特徴です。例えば学習支援については、夏

視聴覚ホール

視聴覚ホール内部

体育館

中庭

正門

杉並の閑静な住宅地にキャンパスをかまえる、落ち着いた教育環境が魅力です。本格的な設備の視聴覚ホールなど、施設も整っています。

休みに各学年に向けた「夏期講習」を開講。今年度は77講座が実施されました。受験対策はもちろん、実験やフィールドワークを伴う講座なども用意されています。

その他、教養教育やキャリア教育にもつながる多彩な講座があります。西高の教員が講師となる「土曜特別講座」は、学年に関係なく興味関心のある内容を受講できます。大学受験に向けた講座のほかに、哲学書を輪読するといったユニークな内容のものも実施されています。

「年4回の『訪問講座』は、社会の第一線で活躍する卒業生を招いた講演会です。できるだけ色々なジャンルの方の話を聞けるように企画しています。昨年度はベンチャー企業のCEO、エコノミスト、製薬企業の研究者、新聞記者でした。今年度はすでに3回実施され、助産師、弁護士、慶應義塾大理工学部教授に来ていただきました。また、年に1回大学教授や研究員を招いた『理数研究校講演会』も行っています」（萩原校長先生）

国際理解を育む 海外交流事業

国際理解教育をみてみましょう。

まず、高2の自由選択科目には第二外国語があり、希望者はドイツ語、フランス語、スペイン語、中国語、ハングルを学ぶことができます。

また、「海外リーダーシップ・プログラム」の一環として「アメリカ研修」が行われています。3月に高1・高2の希望者を対象に実施され、来年の3月で6回目となります。参加人数は40名、10日間の研修では、ハーバード大、マサチューセッツ工科大、国際連合などを訪問し、授業を受けたり、現地の学生や研究者の方々と交流をするといった、リーダー育成のための体験を重視した内容となっています。

「日本の学生以上に、はっきりと将来への夢を持ち、そこへ向かうためにはなにをすべきかといった未来へのビジョンがあるアメリカの大学生と交流することで、生徒は大いに刺激を受けるようです。アメリカで働いている卒業生も多いので、現地では、そういった卒業生の方に海外で働くことについて話を聞く機会も設けています」（萩原校長先生）

さらに、西高をはじめ、埼玉県立浦和、神奈川県立湘南など、公立高校7校合同で実施される「次世代リーダー養成プログラム」も始まって

西高での学び

進路室

理科野外実習

夏期講習

学習スペース

化学の授業

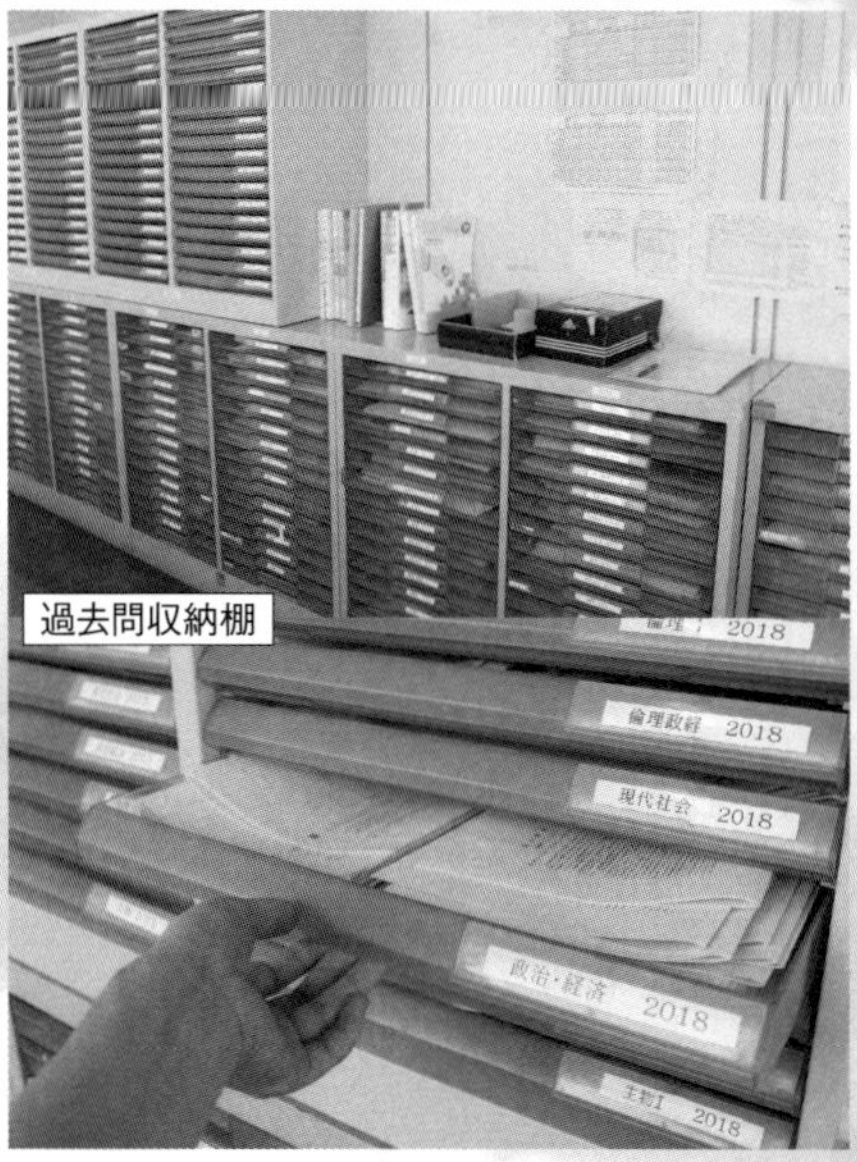
過去問収納棚

図書館

工夫されたカリキュラムで生徒を伸ばす西高。廊下には、イスと机を置いた学習スペースや、大学入試センター試験の過去問が収納され自由に活用できる棚があるなど、勉強熱心な西高ならではの風景が広がっていました。

学校行事

西高生は行事にも全力で取り組みます。さまざまな競技をクラス対抗で競いあうクラスマッチ、記念祭（文化祭）、運動会は西高3大行事と言われています。

アメリカ研修（ハーバード大での講義）

卒業生の話を聞くパネルディスカッション

記念祭（文化祭）

クラスマッチ

運動会

一部画像提供：東京都立西高等学校

います。これは、アメリカのスタンフォード大でのサマーセミナーに参加する、海外リーダーシップ研修で、今年度は西高から5名の生徒を派遣しました。

新たな取り組みとしては、インドネシアの学校との姉妹校交流が昨年度から始められ、国際理解への道がどんどん開かれています。

行き届いた 進路指導体制

毎年素晴らしい合格実績を出すことでも有名な西高。3年間かけて自らの進路と向きあえる、きめ細かな進路指導が行われています。

生徒の実力は、定期考査のほかに教員が作成する「校内実力考査」を年2回実施することで、その結果を全国模試の結果と合わせて進路指導に活用しています。

定期的に発行される「進路部便り」、過去の校内実力考査や大学入試センター試験の成績と卒業生の合格大学との関連をまとめたデータ集「進路のしおり」など、進路指導用の配付物も充実しています。学年ごとに配られる『進路ノートⅠ～Ⅲ』もその1つ。3年間の進路指導計画を冊子としてまとめたもので、定期考査や校内実力考査の活用法、夏休みの学習計画の立て方、個人面談シートなどが載せられています。

卒業生といえば、チューター制度も魅力です。月～金曜の放課後、進路室で在校生の相談に対応してくれます。卒業生の協力を得たキャリア教育と細やかな進路指導が、輝かしい合格実績を生んでいます。

最後に、西高をめざす読者へメッセージをいただきました。

「西高では、何事にも果敢に挑戦したいという生徒を待っています。生徒のやる気に応えられるプログラムや教職員の熱意があります。3年後には必ず、『西高を卒業してよかった』と感じられる成果が得られる学校です」（萩原校長先生）

2018年度（平成30年度）大学合格実績　（ ）内は既卒

大学名	合格者数	大学名	合格者数
国公立大学		私立大学	
北海道大	13(5)	早稲田大	112(53)
東北大	8(3)	慶應義塾大	68(34)
筑波大	8(3)	上智大	18(7)
お茶の水女子大	5(2)	東京理科大	106(64)
東京大	19(9)	青山学院大	13(7)
東京医科歯科大	3(1)	中央大	74(46)
東京外大	10(5)	法政大	43(27)
東京工大	12(7)	明治大	112(75)
一橋大	12(6)	立教大	24(14)
首都大学東京	12(4)	学習院大	5(4)
京都大	11(5)	国際基督教大	9(2)
その他国公立大	76(33)	その他私立大	236(130)
計	189(83)	計	820(463)

和田式教育的指導

入試まであと約２カ月
効率的な勉強方法とはなにか

**受験まであと約２カ月、志望校もほぼ決まる時期だと思います。
これまでの勉強法から、志望校に合わせた実戦的な受験スキルを身につけなくてはいけません。
そのためには、覚えることと覚えないことを分け、脳の働きをよりよくする必要があります。
この時期の勉強法のポイントをお伝えします。**

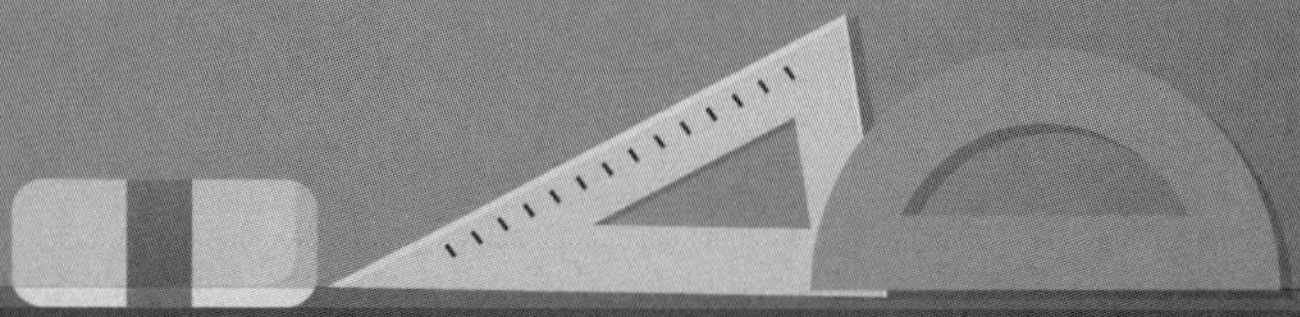

記憶の上書きを減らし受験に必要な力をつける

春の段階ではまだ志望校を絞りきっていない人が多いでしょうが、この時期にはもう志望校も決まり、受験校へ向けた対策をする段階です。受験勉強の内容も絞り込んでいく必要があります。

具体的には、「試験に出そうにないものはなるべくやらない・出そうな問題に取り組む」ということです。

最近の脳科学では、「記憶は忘れるのではなく、思い出せなくなる」という説が一般的になってきています。つまり、新しい記憶が上書きされていくにしたがって、過去に覚えた記憶が引き出しにくくなっていくのです。

例えば、同じ観光地に5年ぶりに旅行に行ったとします。そのとき、以前寄ったお店を見つけて、それまで忘れていたのに突然思い出すことがあります。お店についての記憶は、現地を訪れたら思い出せた。つまり、忘れていたのではなくきちんと覚えているのです。しかし、旅行のあと、色々な記憶が旅行の記憶に上書きされると、再び同じ場所を訪れるというようなことがない限り、その記憶はなかなか引き出せなくなるのです。

これを受験勉強にあてはめると、覚える量をある程度減らし、記憶が上書きされることを減らす方が、記憶しておきたい重要な勉強内容を引き出しやすいということになります。

つまり、試験に強い人とは、記憶を引き出す力に優れ、覚えたことをきちんと引き出せる記憶の出力経路ができているのです。一方、多くの受験生は覚えるのに一生懸命ですが、最後の出力の練習が足りないのです。また、覚える量が多すぎて記憶が上書きされてしまい、以前覚えた内容が引き出せないということでもあります。出力の練習と余計な上書きをしないこと、この2つがこの時期の受験勉強では重要です。

活用してほしい過去問サンドイッチ法

公立校では入試問題は中学で学習する

和《わ》田《だ》秀《ひで》樹《き》

1960年大阪府生まれ。東京大学医学部卒、東京大学医学部附属病院精神神経科助手、アメリカのカールメニンガー精神医学校国際フェローを経て、現在は川崎幸病院精神科顧問、国際医療福祉大学心理学科教授、緑鐵受験指導ゼミナール代表を務める。心理学を児童教育、受験教育に活用し、独自の理論と実践で知られる。著書には『和田式　勉強のやる気をつくる本』(学研教育出版)『中学生の正しい勉強法』(瀬谷出版)『[改訂新版]学校に頼らない 和田式・中高一貫カリキュラム』(新評論)など多数。初監督作品の映画「受験のシンデレラ」がモナコ国際映画祭グランプリ受賞。

範囲全体から出題されますが、私立校の場合は学校によって傾向が違うことは以前にもお話ししました。例えば、A校は歴史のある年代がよく出題される、B校は英語のアクセントの問題は出ないといった出題の特徴が学校によってあります。こうした各校の傾向は志望校の過去問題をみればわかります。

　私がおすすめする勉強法に過去問のサンドイッチ法というのがあります。志望校の過去問をやってみると、勉強が不足している部分や、弱い部分がわかります。

その部分を1カ月くらい集中して勉強し、もう一度過去問をやってみるのです。そうするとどのくらい伸びたかがわかります。過去問を2度前後に挟むので、サンドイッチ法と言いますが、この時期の1カ月をこうした受験勉強で取り組むと、必ず成果が現れます。

　本番まであと約3カ月ということを意識し、記憶の出力までを重視した暗記法や、過去問のサンドイッチ法に積極的に取り組むなど、残り時間を有効に使える勉強方法を心がけてください。

和田先生に聞く お悩み解決アドバイス

Q　スランプから抜け出せず焦っています

A　スランプは疲労の蓄積 思いきって休むこと

　受験生がある日突然、勉強にのれなくなる。こうしたスランプの理由の8割くらいは、疲労の蓄積なのです。会社の仕事でも残業時間が100時間を超えると作業効率が急激に落ちるということはわかっています。受験生も同じで、1日7～8時間学校で過ごし、その後塾で数時間、さらに家でも勉強をしています。しかも土日も休日ではありません。疲れがたまるのは当たり前なのです。

　疲労が蓄積すると、作業効率を落とすだけではなく、病気になりやすくなります。スランプにならないためには、休むことが一番いい方法です。もっともまったく勉強しない日を作ると勉強の習慣がなくなる恐れがあるので、週に1度、日曜日の午後は休むといった形にしてもいいでしょう。ただし、休むといっても寝ているだけではなく、10代という若い世代は運動など身体を動かすこともリフレッシュになります。勉強とリフレッシュの時間のメリハリがつけば、疲れも減り、スランプ状態から抜け出せるでしょう。

職業や仕事に合わせ科目選択できる開智国際大学の『国際教養学部』が凄い！

新学部開設2年目となる開智国際大学の『国際教養学部』。学生自身が目指す職業に合わせて科目選択できる「科目群制度」を取り入れて年々人気が上昇しています。学生はグローバルビジネス科目群、グローバルコミュニケーション科目群、人間心理科目群、比較文化科目群から自由に科目選択し、将来の仕事の土台となる学びや、職業に直結した授業を通し、夢に向かって邁進《まいしん》しています。

今回はこの『国際教養学部』の魅力を取材しました。（取材・SE企画）

留学生が多く、英語の飛び交う少人数授業の『国際教養学部』

アメリカや東南アジアなど10数か国からの留学生と、併設の開智高等学校をはじめとした日本の高校を卒業した学生、そして海外からの帰国生らが共に学ぶ『国際教養学部』。キャンパスでは、日本語は当然として、英語が飛び交う風景も随所に見かけられます。英語で行う授業や、日本語と英語を共に使う授業も多く行われ、特に大学1年生から1講座90分の英語の授業を週4回行うなど、英語力育成に力を入れています。

しかも、この授業は1講座20名程度の少人数で学力別にクラスが編成されていて、英語の得意な学生はさらにハイレベルな授業を、英語がやや不得意な学生には、それぞれの英語力レベルに対応した授業を行うなど、一人ひとりの学生に最適な英語の授業を提供しています。もちろん他の授業も1講座当たりの平均学生数は20名前後で、指導する教員と学生との距離が近く、マンモス大学にはない少人数で温かな授業が展開されています。

入学してきた多くの学生が「この大学は授業が少人数で、先生方が親身に指導してくれるので、本当に入学してよかった」と語っています。さらに、英語の授業だけではなく、新学部開設とともに導入したコンピューターを使ったＴＯＤＩＣ対策のための自習プログラムを活用し、学生は大学卒業時までにＴＯＥＩＣ ７２０点以上取得を目指して、英語の学習に取り組んでいます。少人数授業と充実した英語学習環境が非常に魅力的です。

大学1、2年生は、共通科目や専門科目の授業の中で、英語を2割から3割程度使った授業や、社会で必要な思考力、発信力、コミュニケーション力をつけるために、講義一辺倒の授業は少なく、多くの授業で学生が主体的に活動するワークショップ型の授業や、学生が疑問を提起し、仮説を立て、論議し、プレゼンテーションする探究型の学びであるアクティブラーニング型授業を多く行っています。「高校時代は先生の話を聞いてノートに写すだけの授業が多かったのですが、開智国際大学の授業は自分でまとめたことをプレゼンテーションしたり、なぜなのかを自分で考えたり、学生同士でディスカッションしたりするアクティブな授業が多く、楽しく、しかも学んだことが身につく授業が多いのが素晴らしいと思

『国際教養学部』4コースの主な専門科目（例）

＜グローバルビジネス科目群＞
グローバルビジネス論　情報システム論　国際政治経済学　ネットワーク論　マスコミ論

＜グローバルコミュニケーション科目群＞
Interactive English　Assertion Training　English and Culture　Debates in English　グローバル化と日本社会

＜比較文化科目群＞
日本のサブ・カルチャー　日本人論　世界近現代史　フランスの生活と文化　異文化コミュニケーション

＜人間心理科目群＞
精神分析学　臨床心理学　認知行動療法　発達心理学　パーソナリティ心理学　※国家資格公認心理師に対応します。

います」と何人もの学生が話してくれました。

北垣日出子学長は「このように21世紀の新しい国際標準の授業を行い、グローバル社会で活躍できる人材を育てるのが開智国際大学の『国際教養学部』の目的です」と述べています。

入学後に将来の職業に合わせ選択できる「ダブルメジャーの科目群制度」って何？

『国際教養学部』のもう1つの特色が、ダブルメジャー制度です。日本の多くの大学では、経済学部で経済を学びましたとか、工学部を卒業しましたなど、1つの学問分野を学びます。アメリカの大学では1つの分野だけでなくメインとサブの2つの分野の学びを行います。これがダブルメジャー制度です。開智国際大学はさらにこれを進化させ、「グローバルビジネス科目群（経営学、経済学など）」「グローバルコミュニケーション科目群（言語、英語、コミュニケーション学など）」「人間心理科目群」「比較文化科目群（文学、マスコミ、哲学、サブ・カルチャーなど）」の4つの科目群から将来の仕事を見据えた講座を選んで授業を受けることができます。たとえば、グローバルビジネス科目群とグローバルコミュニケーション科目群の授業を受け、上級学年ではさらに人間心理科目群の授業を受けることで、国際ビジネスの仕事や英語を使った職業を目指す人、比較文化科目群の授業を中心にグローバルコミュニケーション科目群の授業を受け、幅広い人間力をつけ公務員を目指す人、人間心理科目群を中心に学び、公認心理士を目指す人、などなど、未来の職業に対応した自由な学びが行えます。

入学時に考えていた職業と目指す職業が変わった場合でも、セメスター（学年、学期）が変わる時に選択する科目を変更することで、新たに目指す職業に向けた科目への選択ができます。まだ将来の進路を決めかねている場合は、4つの科目群から幅広い学びを行い、将来の方向性が明確になった時点で学ぶ科目群を絞ることができます。

『国際教養学部』では、このように各自の将来を見据えた自由な学びができるのも大きな特色です。

就職も小規模大学のメリットを生かし1対1対応

さて、就職に関しては1学年78名の小規模学部の利点を生かして、「キャリアデザイン」という授業で職業を考え、仕事に就くための学びや心構えを身につけています。また、1対1の面接を通して就きたい職業や会社の紹介をすることはもちろん、1年次は「公務員インターンシップ（職業体験）」、2年次は「企業でのインターンシップ」、3年次からは職業選択に向けて、面談指導や就職先を紹介する「就活塾」を開くなど、キャリアセンターを充実させています。さらに、学生の希望に添うような職業や企業を開拓してくる取り組みも始めています。学生の適性と職業のより良いマッチングにつながるこれらの活動は、大規模大学では実施できないキャリア教育で、小規模大学の開智国際大学だからこそできるのです。

年々伸びる開智国際大学のこれからが楽しみです。

開智国際大学　2019年度入試日程

入試形式	期別	試験日	出願期間	合格発表	入学手続締切日
AO入試	Ⅲ期	12月15日（土）	11月20日（火）～12月11日（火）	12月20日（木）	1月8日（火）
公募推薦入試	Ⅱ期	12月15日（土）	11月20日（火）～12月11日（火）	12月20日（木）	2月28日（木）
	Ⅲ期	3月5日（火）	2月18日（月）～3月1日（金）	3月8日（金）	3月14日（木）
特待入試	Ⅰ期	12月15日（土）	11月20日（火）～12月11日（火）	12月20日（木）	1月8日（火）
	Ⅱ期a	2月6日（水）	1月8日（火）～2月1日（金）	2月8日（金）	2月18日（月）
	Ⅱ期b				3月14日（木）
	Ⅲ期	3月14日（木）	1月8日（火）～3月12日（火）	3月15日（金）	3月22日（金）
一般入試	Ⅰ期	1月26日（土）	1月8日（火）～1月22日（火）	1月30日（水）	2月18日（月）
	Ⅱ期	2月6日（水）	1月8日（火）～2月1日（金）	2月8日（金）	2月28日（木）
	Ⅲ期	2月19日（火）	1月8日（火）～2月14日（木）	2月22日（金）	3月6日（水）
	Ⅳ期	3月5日（火）	1月8日（火）～3月1日（金）	3月8日（金）	3月14日（木）
	Ⅴ期	3月14日（木）	1月8日（火）～3月12日（火）	3月15日（金）	3月22日（金）
大学入試センター試験利用入試＜特待選考＞＜一般選考＞	Ⅰ期a	大学独自の試験は行いません	12月25日（火）～1月18日（金）	2月6日（水）	2月13日（水）
	Ⅰ期b				2月28日（木）
	Ⅱ期		1月21日（月）～2月19日（火）	2月7日（木）～2月23日（土）随時	3月14日（木）
	Ⅲ期		2月20日（水）～3月13日（水）必着	2月25日（月）～3月15日（金）随時	3月22日（金）

※入試詳細（入学手続期間、出願資格、選考方法等）については募集要項を参照してください。
※期別のa、bは入学手続締切日が異なります。aは優遇します。

開智国際大学

〒277-0005 千葉県柏市柏1225-6
URL: http://www. kaichi. ac. jp

LINE　大学HP

LINE@

■最寄り駅
JR常磐線・東武アーバンパークライン「柏」駅

■併設校
開智小学校・中学校・高等学校、開智未来中学・高等学校、開智日本橋学園中学・高等学校、開智望小学校

教えてマナビー先生！

世界の先端技術

自動通訳機

▶マナビー先生

日本の某大学院を卒業後、海外で研究者として働いていたが、和食が恋しくなり帰国。しかし科学に関する本を読んでいると食事をすることすら忘れてしまうという、自他ともに認める“科学オタク”。

どこの国の言葉でもへっちゃら アッという間に通訳してくれる

いま、有名なお笑いタレントが軽妙なトークでCM紹介している、手のひらサイズの「自動通訳機」が評判になっている。

この通訳機はポケットに入るほどのサイズなんだけど、なんと74もの言語を理解、解釈して即座に通訳してくれるというんだから驚きだ。

日本語で話す場合、まず日本の国旗アイコン（日の丸）と、相手の国の国旗アイコンを選んで表示させ、日の丸ボタンに触れながら日本語で通訳機に話しかける。すると、話した言葉が日本語で文字表示されると同時に、相手国の文字でも表示され、翻訳された相手国の言葉で、対面している相手に届く大きさの声で話しかけてくれるんだ。

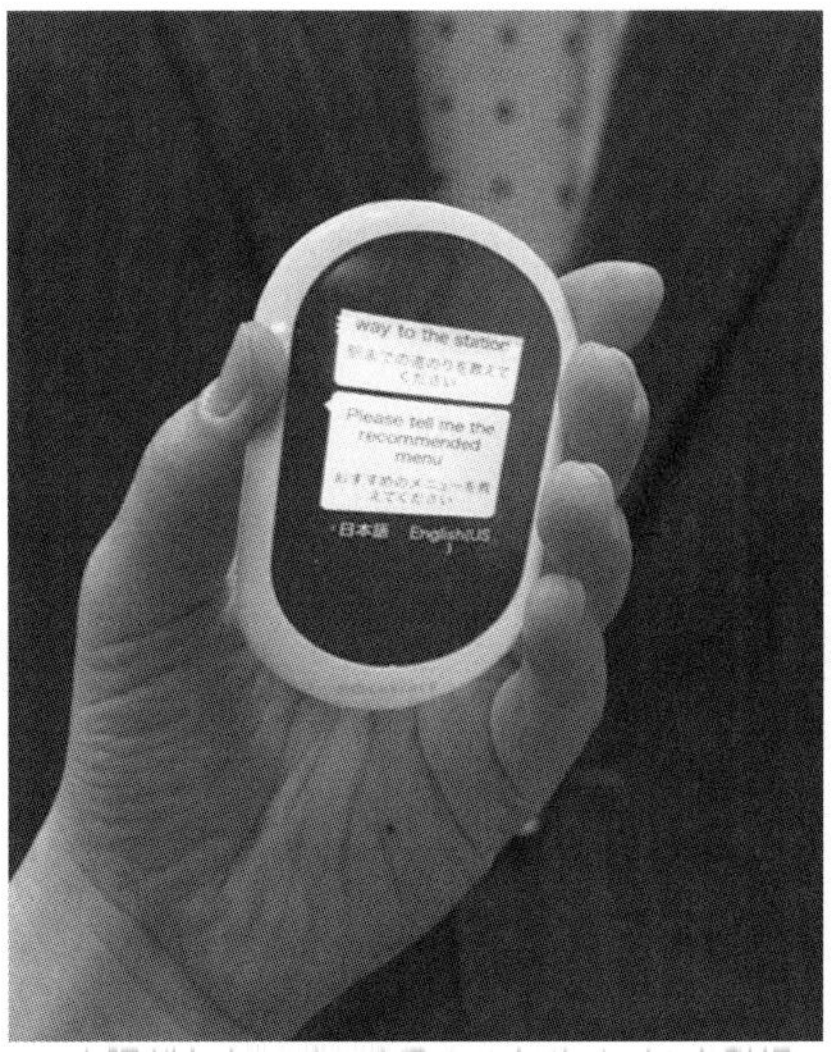

いま評判となっている手のひらサイズの自動通訳機。商品名は「ポケトークW®」

日本語で話した言葉が正しく認識されたかどうか、画面に文字で出てくるので安心だ。

また、同じ英語でも、各国で訛《なま》りがあるんだけど、それにも対応してくれる。

長い文章を翻訳しようとすると、まだミスも出るけど、人の会話は、短い文章を双方向に繰り返すわけだから、日常会話では十分役に立つ。

では、こんなに小さな装置で、どうやって74もの言語を駆使することができるんだろう。

じつは、この小さな装置のなかにたくさんの言語が蓄積されているわけではないんだ。

装置はスマートフォンのようにインターネットに常時接続されている。話しかけた音声はマイクで収音され、雑踏のなかでもノイズが除去されてインターネット上のコンピュータに送られ、音声が認識される。

すると、相手国の言語に、すぐに翻訳されネットを通じて平均0.6秒で送り返されてくる。そして文字で表示すると同時に、翻訳された文章が音声として装置から流れてくる仕組みになっている。

こちらが話しかけたあとは、相手が返事として、その国の言葉で応え、今度は日本語で返ってくる。

インターネット上のコンピュータにあるソフトウェアを使っているので、誤訳が起きると常時改良され、最適な翻訳結果が得られるように改善されていく。

音声のみが流れるのではなく文字にもしてくれるので、聞き取れない文章も文字で見て理解することができる。だから外国語を「学ぶ」という面でも優れた機器だといえる。

日本国内での使用だけではなく、世界105の国や地域に持っていっても面倒な設定なしで使うことができるという。

１回充電すると７時間は作動するので、通常の利用なら十分だ。これを使えば安心。あとは外国の人に話しかける勇気だけだよ。

※このページは39ページから読んでください。

37日目	37円	703円	70枚		3枚
38日目	38円	741円	74枚		1枚
39日目	39円	780円	78枚		

やはり、39日目の手持ちは10円硬貨78枚だけになり、5円硬貨も1円硬貨もないね。続いて40日目だ。

日数	増加額	合計額	10円硬貨	5円硬貨	1円硬貨
40日目	40円	820円	82枚		

手持ちは10円硬貨82枚だけだ、とだれでもわかる。このあとは、44日目だ。

日数	増加額	合計額	10円硬貨	5円硬貨	1円硬貨
41日目	41円	861円	86枚		1枚
42日目	42円	903円	90枚		3枚
43日目	43円	946円	94枚	1枚	1枚
44日目	44円	990円	99枚		

手持ちは10円硬貨99枚だけだ（「だけ」と書いたが、実際に99枚もあると、かなりの枚数あると思うだろうなぁ）。

これで、4日目、15日目、19日目、20日目、24日目、35日目、39日目、40日目、44日目の、合わせて「9回」が正答だと判明した。

と言いたいところだが、まだ忘れていることがある。「50日目まで」という条件だから、45日目〜50日目を確認しないといけないのだ。

さあ、すぐに確かめよう。

日数	増加額	合計額	10円硬貨	5円硬貨	1円硬貨
45日目	45円	1035円	103枚	1枚	
46日目	46円	1081円	108枚		1枚
47日目	47円	1128円	112枚	1枚	3枚
48日目	48円	1176円	117枚	1枚	1枚
49日目	49円	1225円	122枚	1枚	
50日目	50円	1275円	127枚	1枚	

これではっきりしたね。10円硬貨だけというのはない。「9回」が正答であることは証明された。

正解　②＝9

でも、こんな調子でやっていたら、時間がかかりすぎではないのか？　という気もするだろう。こんなに丁寧ではなく、実際に白い紙かノートの上で鉛筆でやってみるといい。結構、短い時間で“ササーッと”できるだろう。

もっと短時間で解きたければ、こう考えてみる。

10円硬貨しかないということは、上を見てもわかるように貯金額が10円の倍数になるときだね。

その日の貯金額は10で割り切れる数、つまり「□□0」というふうに1の位が0の数だ。だから、10の位や100の位はどうでもいい。1の位だけ考えるのだ。

そうすると、

日　数	増加額	合計額1の位
1日目		1円
2日目	2円	3円
3日目	3円	6円
4日目	4円	0円
5日目	5円	5円
6日目	6円	1円

…というふうにすると、かなり短時間でできてしまうよ。

ちなみに最後の問題は

（3）123回目に1円硬貨と5円硬貨がともに手持ちからなくなるのは（　③　）日目である。

というものだ。もし、③についての質問がある人は、88ページに掲載されている編集部の宛先に、「高校受験指南書係」として、質問を送ってほしい。

※このページは39ページから読んでください。

日数	増加額	合計額	10円硬貨	5円硬貨	1円硬貨
16日目	16円	136円	13枚	1枚	1枚
17日目	17円	153円	15枚		3枚
18日目	18円	171円	17枚		1枚
19日目	19円	190円	19枚		

19日目で、また10円硬貨だけになった。1円硬貨も5円硬貨も手持ちにはない。

ここで、「あっ！」と気づいた人はエラ〜イ!! 「19日というのは、4日と15日を足した日にちだ！」と気づいた人はエラ〜イのだ。そう、4日目も15日目も10円硬貨だけで、1円硬貨も5円硬貨も手持ちにはないね。

20日目は10円硬貨2枚の増加だから、もちろん手持ちは10円硬貨21枚だけで、やはり5円硬貨も1円硬貨もない。

日数	増加額	合計額	10円硬貨	5円硬貨	1円硬貨
20日目	20円	210円	21枚		

ここでまた「あっ！」と気づいた人はさらにエラ〜イ!! 「20日に4日を足したら24日だ。だから24日も10円硬貨だけだろう！」と気づいた人だね。

この調子で行けば、20日目＋4日目＝24日目、20日目＋15日目＝35日目、20日目＋19日目＝39日目も、そうだろうということになる。

さらに、20日目＋20日目＝40日目もそうだろうし、40日目＋4日目＝44日目もそうだろうと思い、さらに…と考えすぎてはならない。「1日目から50日目までの間」という条件がある。ここでストップだ。

結局、4日目、15日目、19日目、20日目、24日目、35日目、39日目、40日目、44日目の、合わせて「9回」だ、と正答できる。

念のため、21日目から先も表にしてみよう。

日数	増加額	合計額	10円硬貨	5円硬貨	1円硬貨
21日目	21円	231円	23枚		1枚
22日目	22円	253円	25枚		3枚
23日目	23円	276円	27枚	1枚	1枚
24日目	24円	300円	30枚		

24日目は手持ちは10円硬貨30枚だけだ。5円硬貨も1円硬貨もない。やはりこれまでの推測は正しかった。となれば、次は35日目だ。

日数	増加額	合計額	10円硬貨	5円硬貨	1円硬貨
25日目	25円	325円	32枚	1枚	
26日目	26円	351円	35枚		1枚
27日目	27円	378円	37枚	1枚	3枚
28日目	28円	406円	40枚	1枚	1枚
29日目	29円	435円	43枚	1枚	
30日目	30円	465円	46枚	1枚	
31日目	31円	496円	49枚	1枚	1枚
32日目	32円	528円	52枚	1枚	3枚
33日目	33円	561円	56枚		1枚
34日目	34円	595円	59枚	1枚	
35日目	35円	630円	63枚		

間違いない。確かに手持ちは10円硬貨63枚だけになって、5円硬貨も1円硬貨もない。

これで、39日目＝35日目＋4日目、40日目＝20日目＋20日目、44日目＝40日目＋4日目も10円硬貨だけだと、確信が持てるね。

「でも……」と疑いたくなる人のために、36日目以降も表にしてみよう。

日数	増加額	合計額	10円硬貨	5円硬貨	1円硬貨
36日目	36円	666円	66枚	1枚	1枚

【百四拾四の巻】

大学附属校の問題3

数学

教育評論家 正尾佐の

高校受験指南書

「大学附属校の問題」シリーズの最後は数学だ。附属校・系列校のなかでも最難関校の1つと言われている筑波大附属の問題を取り上げる。

1日目は1円, 2日目は2円, …というように, 毎日1円ずつ金額を増やして貯金していき, 両替が可能な金額がたまり次第, 5円硬貨, 10円硬貨を用いて手持ちの硬貨をできるだけ少なくしていく。

例えば, 3日目には1＋2＋3で6円がたまるので, 手持ちの硬貨は5円硬貨1枚と1円硬貨1枚となる。

このとき, 次の①、②の（　　）にあてはまる数を求めなさい。

⑴ はじめて1円硬貨と5円硬貨がともに手持ちからなくなるのは4日目であるが, 2回目にそうなるのは（ ① ）日目である。

⑵ 1日目から50日目までの間で, 1円硬貨と5円硬貨がともに手持ちからなくなる日は, 全部で（ ② ）回ある。

筑波大附属の入試問題では、数学は大問が5問出題され、それを50分で解答しなければならない。そのうち2問が文章題だが、その1問を解いてみよう。この問題は①～③まで解答欄があるのだが、紙幅の都合で、今回は①と②について解説する。

まず①だ。硬貨と日にちとの関係は、以下のようになるね。

日数	増加額	合計額	10円硬貨	5円硬貨	1円硬貨
1日目		1円			1枚
2日目	2円	3円			3枚
3日目	3円	6円		1枚	1枚
4日目	4円	10円	1枚		
5日目	5円	15円	1枚	1枚	
6日目	6円	21円	2枚		1枚
7日目	7円	28円	2枚	1枚	3枚
8日目	8円	36円	3枚	1枚	1枚
9日目	9円	45円	4枚	1枚	
10日目	10円	55円	5枚	1枚	
11日目	11円	66円	6枚	1枚	1枚
12日目	12円	78円	7枚	1枚	3枚
13日目	13円	91円	9枚		1枚
14日目	14円	105円	10枚	1枚	
15日目	15円	120円	12枚		

こうして1日ずつ見ていくと、2回目に1円硬貨と5円硬貨がなくなるのはいつか、一目瞭然だね。

正解　①＝15

②については、①の続きを考えていけばいい。

国語

Wase-Aca Teachers

東大入試突破への現国の習慣

田中コモンの今月の一言！

理想を手放さずに修正は可能です 方法を変えて願いをかなえるのです

田中《たなか》としかね先生

早稲田アカデミー教務企画顧問

東京大学文学部卒業
東京大学大学院人文科学研究科修士課程修了
著書に『中学入試日本の歴史』『東大脳さんすうドリル』など多数。文教委員会委員長・議会運営委員会委員長を歴任。

慇・懃・無・礼?! 今月のオトナの四字熟語「実現可能」

十一月も半ばとなりました。塾からの帰り道にふと夜空を見上げると、またたいている星が目に入りますよね。まるで「頑張れ！」と励ましてくれているような気がしてきませんか?! 筆者の記憶の中にも、自分が受験生だったころに冷たい空気に包まれてオリオン座を見上げていた場面が、確かに刻まれています。夜が長く感じられる季節になりましたよね。暦の上ではもう冬ですから。受験生はいよいよ追い込みの時期に突入です。「あと少し！ ラストスパート！」と、わき目も振らずに勉強に集中できればいいのですが、リミットが迫ってきているという焦りから、不安で仕方がないという思いを抱える生徒も増えてきます。夜中に一人で勉強をしていると、急に変なプレッシャーを感じてしまったりね。筆者のところにも「自分には無理です」という悲鳴にも似た訴えが届けられることがあります。志望校に合格できないのではないか、という不安でいっぱいになってしまうのですね。自分が思い描いていた理想には結局手が届かないのではないか……。一度でもそんな考えが思い浮かんでしまったら、頭からネガティブなイメージが離れなくなりマイナスの感情がどんどんこみ上げてきてしまいます。精神的に過剰なストレスにさらされている状態に陥り、どうにも我慢ができなくなるのです。すると防御的な反応として、ストレスの原因を「なかったことにしよう」という心の働きがおこり、願望そのものを遠ざけようとしてしまうのです。「そんなことは本当は望んでいませんでした」と。それが「自分には無理です」という発言にいたる経緯なのです。けれども受験を避けることはそもそもできませんし、一度思い描いた願望を忘れることもできません。ですから不安から逃れることはなかなかできないのです。

ではどうすればいいのでしょうか。不安な気持ちを、むしろ受け入れてしまうことに重点を置かなければなりません。もちろんそれは逃げ出したくなる気持ちをぐっと抑えることになりますから大変な作業です。でもだからこそ、サポーターであるわれわれが存在するのですよ！ 筆者はこの時期、生徒からのギブアップ宣言ともとれるこうした発言を聞くと、ようやく受験生として本気になった証拠だねと、生徒と一緒に肯定的に受けとめることにしています。自分のことを客観的に見つめられるようになる第一歩だと考えるからです。どうして「無理だ」と思ってしまったのか？ きっかけとなった出来事が必ずあるはずです。その原因と向き合わないで逃げ出してしまっても、事態は改善しませんよね。不安と向き合うことから始めるしか解決の糸口は見つ

からないという覚悟を決めて、一緒に原因を探求するのです。

　定期テストで思うように得点できなかった科目があるのではないですか？　その苦手科目を克服するために勉強のスケジュールを立てたものの、予定通り進まなかったのではないですか？　思うような結果が出せなかったからといって、また思うように計画が進まなかったからといって、やり方の検証や反省を加えもせずに願望そのものを消してしまおうとしては元も子もありません。必要なのは方法を変えてみることなのです。理想に向かって進むことをあきらめるのではなく、実現可能なものにするためにこそ、進み方を修正しなくてはならないのです。志望校合格という最終的な目標地点を変更することは考えません。

　今のままでは目標に到達できない！　という焦りはそのまま受けとめましょう。それでも目標に近づいていかなくては望みはかなえられませんから、少しずつでも近づいているというイメージを持つことが重要になるのです。到達地点までの距離を「小分けにする」という感覚が必要になりますよ。「ここまではできた！　よし、次だ！」というモチベーションですね。小さな達成感を重ねることです。そうすることで不安というマイナスの感情は払拭されていきますから。実現可能だという気持ちを一貫して持ち続けることが何よりも大切になってくるのです。

グレーゾーンに照準！　今月のオトナの言い回し「アプローチ」

　最終目標を変えずに修正をおこなう、といいました。では一体何を変えるというのでしょうか？　ひと言で表すならばそれは「アプローチを変える」ということになるでしょう。アプローチ、よく聞くカタカナ語ですよね。英語ではapproachとつづります。本来は「目的に近づく」という意味です。ここから転じて、様々な内容を示すことが辞書にも記されていますよ。筆者にとって馴染《なじ》みのある用法は、アカデミックな研究において「対象に接近すること」という意味での使われ方です。研究法という意味内容ですね。たとえば「歴史的な観点からアプローチする」などのように使います。また、建築用語としては「道路に面した門扉《もんぴ》から玄関などの出入り口までの導入路」を指しています。「玄関までのアプローチを花壇で囲んで素敵に演出する」などといった使い方ですね。他にも、ゴルフ用語として「グリーン上のホールをめがけて打つ寄せ打ち」という意味もあります。アプローチショットが決まりました！　といった表現を耳にしたことがあるのではないでしょうか。

　「目的への近づき方・近づくための方法」という意味ですので、その目的の違いによって使われ方もさまざまあるわけですが、思春期の皆さんにとってはその対象がズバリ人間であるというケースも十分に想定されるのではないでしょうか。「気になるあの人」へのアプローチという用法です。自分が好意を持っている相手に対して、その気持ちを伝えること。たったそれだけのことなのですが、どうすればよいのかわからずに途方に暮れてしまう。建築用語のアプローチのように相手の心の扉まで導入路が続いていればいいのにな……とか、ゴルフのようにナイスショットを決めて相手に気持ちを届けられたら……とか、そんなたわいもない夢想をすることもあるでしょう。ただアプローチすればよいというのではなくて、相手のあることですから反応も気になりますし、考えれば考えるほど一歩を踏み出すことができなくなってしまいますよね。

　閑話休題。志望校合格に向けてのアプローチでした。気になるあの人へのアプローチについては臆病ともいえるほど慎重なのに、こと勉強の仕方についてはずいぶんと雑になっていませんか？　テストで点数をとれなかった悔しさや焦りといった一時の感情から、自分に無理をさせるつもりで立てた計画が典型的です。「よし、これから毎朝5時に起きて勉強を開始するぞ！」「次のテストまで毎日問題集を20ページずつ進めるぞ！」。11月1日から始めて2日、3日……「ダメだ、寝坊した。どうしよう10ページしかできなかった」。三日坊主であきらめてしまいました……、ありがちですよね。スタート時点での意気込みは認めますが、続けられなければそれはアプローチですらありません。目標にどうやって接近するかを考えるのがアプローチですから。目標に一歩ずつでも近づき続けなければなりません。そのために必要なのが修正なのです。「寝坊してしまうならば、それを見越して朝は6時から始めることにしてみよう」「20ページ進めることが大変ならば10ページにしてみよう」。この無理のない計画への修正が大切なのです。最初立てた計画に固執せずに柔軟に対応しましょう。むしろ計画を見直すことを前提にするのです。実施計画の改定を予定しておくようなものですね。計画を立てては立て直す。これを繰り返すことで自分にあったアプローチを見つけ、無理せずに目標に近づくことを継続させましょう。

問題2

右の図１で，点Oは円の中心である。

△ABCは，３つの頂点A，B，Cがすべて円Oの周上にあり，AB＞ACとなる鋭角三角形である。

頂点Aから辺BCに垂直な直線を引き，辺BCとの交点をDとする。

図１

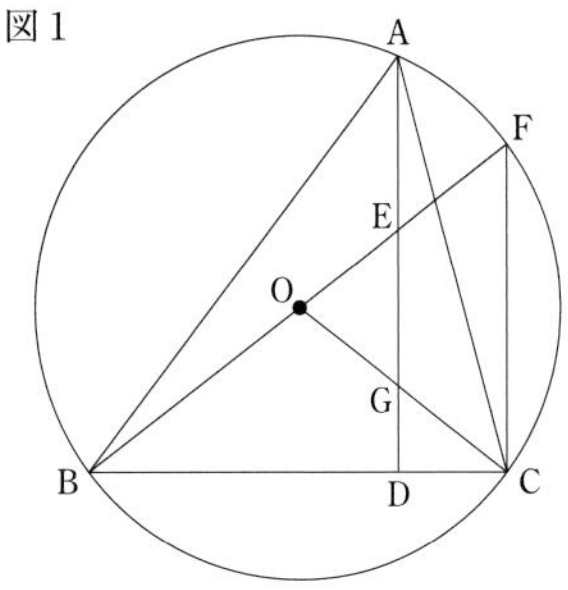

図２

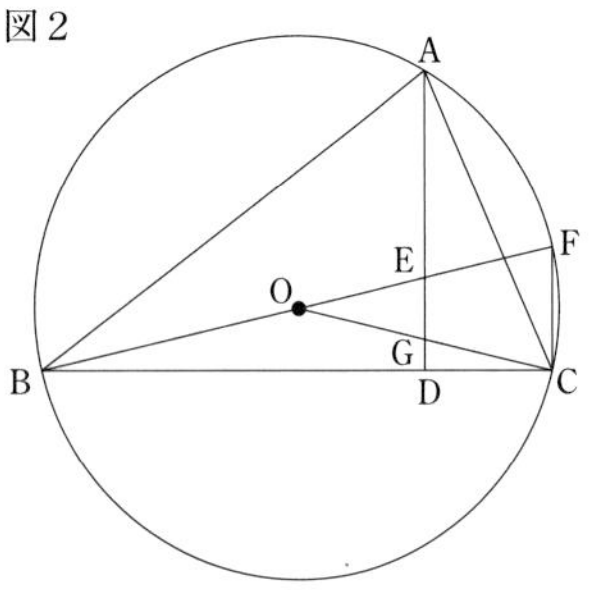

頂点Bと点Oを通る直線を引き，線分ADとの交点をE，円Oとの交点のうち頂点Bと異なる点をFとする。

頂点Cと点O，頂点Cと点Fをそれぞれ結ぶ。

線分OCと線分ADとの交点をGとする。

次の各問に答えよ。

(1)　頂点Cを含まない$\overset{\frown}{AB}$と$\overset{\frown}{AF}$の長さの比が4：1，∠BAD＝36°のとき，∠BOCの大きさは何度か。

(2)　△ABE∽△CAGであることを証明せよ。

(3)　図２は，図１において，OG＝GC，AE：EG＝３：１となった場合を表している。

AE＝４cmのとき，円Oの半径は何cmか。

（東京都立日比谷）

<考え方>

(1)　∠BOC＝2∠BACであることに注目します。

(2)　ここでも、円周角の定理を利用して、等しい角を見つけていくことがポイントになります。

(3)　(2)の結果を用いて、比例式を作ります。

<解き方>

(1)　半円に対する円周角だから、∠BCF＝90°

$\overset{\frown}{AF}=\frac{1}{5}\overset{\frown}{BF}$より、∠ACF＝90×$\frac{1}{5}$＝18°

∠BDA＝∠BCF＝90°より、AD∥FC

よって、錯角は等しいから、

∠CAD＝∠ACF＝18°

これと仮定より、

∠BAC＝∠BAD＋∠CAD＝36＋18＝54°

$\overset{\frown}{BC}$に対する中心角だから、

∠BOC＝2∠BAC＝2×54＝**108°**

(2)　**〔証明〕**

半円に対する円周角だから、∠BCF＝90°

また、仮定より、∠BDA＝90°

よって、同位角が等しいからAD∥FC

平行線の錯角だから、∠CAG＝∠ACF　……①

$\overset{\frown}{AF}$の円周角だから、∠ABF＝∠ACF　……②

①、②より、∠ABF＝∠CAG

よって、∠ABE＝∠CAG　……③

一方、△BDEにおいて、

∠AEB＝∠EDB＋∠EBD

＝90°＋∠OBC　……④

△CGDにおいて、

∠CGA＝∠GDC＋∠GCD

＝90°＋∠OCB　……⑤

OB＝OCより、∠OBC＝∠OCB　……⑥

④、⑤、⑥より、∠AEB＝∠CGA　……⑦

③、⑦より、△ABEと△CAGにおいて、２組の角がそれぞれ等しいから、△ABE∽△CAG

(3)　(2)より△ABE∽△CAGだから、

BE：AG＝AE：CGが成り立つ

円Oの半径を$r$cmとすると、OG＝GC＝$\frac{1}{2}r$

また、AD∥FCより、OE：EF＝OG：GC＝１：１

だから、

OE＝EF＝$\frac{1}{2}$OF＝$\frac{1}{2}r$　⇒　BE＝$r+\frac{1}{2}r=\frac{3}{2}r$、

仮定より、EG＝$\frac{1}{3}$AE＝$\frac{4}{3}$　⇒　AG＝$4+\frac{4}{3}=\frac{16}{3}$

以上より、$\frac{3}{2}r:\frac{16}{3}=4:\frac{1}{2}r$　⇒　$r^2=\frac{256}{9}$

$r>0$より、$r=\frac{16}{3}$

したがって、円Oの半径は**$\frac{16}{3}$cm**

図形の問題は、どこに着目して問題を解き始めるかがポイントになることが多いですが、その部分が見えにくいのが円の問題の特徴です。また、問題２のように、相似の性質やこれから学習する三平方の定理を利用する複合的な問題も少なくありません。

そのため、円に関する問題を攻略するには、円の基本定理をしっかり身につけたうえで、より多くの問題にあたって経験を積んでいくことが大切になってきます。パターンを整理していくことで、自然と解き方のコツが身についていきますので、ぜひ頑張ってください。

数学

Wase-Aca Teachers

楽しみmath数学！DX

登木 隆司先生

早稲田アカデミー　第一事業部長
兼 池袋校校長

着目点を見つけにくい円の問題は多くの経験を積むことが大切

今月は、円の性質とその応用を学習していきます。

はじめに、円周角の定理を用いて等しい角を見つけていく問題です。

問題1

それぞれの$\angle x$，$\angle y$の大きさを求めなさい。

⑴　図１で，５点A，B，C，D，Eは，円Oの周上にあり，線分BEは円Oの直径。

（新潟県・一部改題）

図1

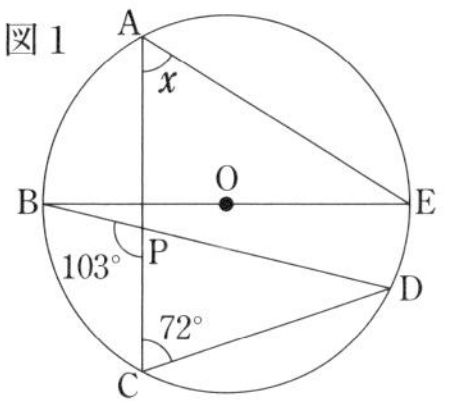

⑵　図2で，4点A, B, C，Dは円周上にある。

（桐蔭学園・一部略）

図2

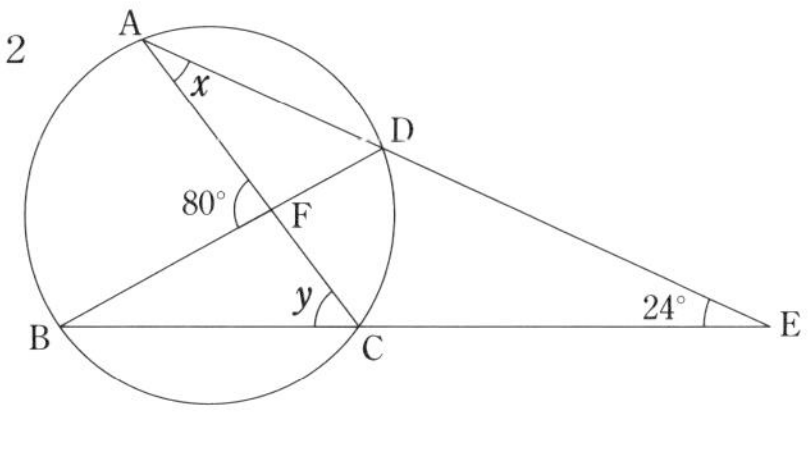

＜考え方＞

⑴　直径に対する円周角は直角であることを利用します。

⑵　三角形の内角と外角の関係に注目して、x、yに関する連立方程式をつくります。

＜解き方＞

⑴　△PCDの内角と外角の関係から、

∠PDC＝∠CPB－∠PCD＝103－72＝31°

$\overset{\frown}{BC}$に対する円周角だから、

∠BAC＝∠BDC（＝∠PDC）＝31°

直径に対する円周角だから、∠BAE＝90°

よって、$\angle x$（＝∠CAE）＝90－31＝**59°**

⑵　△ACEの内角と外角の関係から、

∠ACB＝∠CAE＋∠AEC

⇒　$\angle y=\angle x+24^\circ$　……①

△AFDの内角と外角の関係から、

∠FAD＋∠ADF＝∠AFB

また、$\overset{\frown}{AB}$の円周角だから、

∠ADF＝∠ACB＝$\angle y$

⇒　$\angle x+\angle y=80^\circ$　……②

①、②より、$\angle x=$**28°**、$\angle y=$**52°**

次に、円と相似に関する問題を見ていきましょう。

特別進学クラス　大進選抜クラス　大学進学クラス

保善高等学校

学習とクラブの両立で
大学進学を実現する単独男子校

HOZEN HIGH SCHOOL

交通アクセス

高田馬場駅より 徒歩 8分
- JR山手線
- 西武新宿線
- 東京メトロ東西線

西早稲田駅より 徒歩 7分
- 東京メトロ副都心線

西武池袋線・東武東上線・東急東横線・みなとみらい線が相互乗り入れ運転

〒169-0072 東京都新宿区大久保3丁目6番2号

資料請求

入試広報部 フリーダイヤル

0120-845532

保善高校 検索　スマートフォンでもご覧頂けます | hozen.ed.jp

学校説明会と施設見学

11/17(土)　11/24(土)　12/8(土)

10:00開会

個別受験相談会

11/25(日)　12/1(土)　12/9(日)　12/16(日)　10:00~15:00

12/3(月)　12/4(火)　12/5(水)　12/6(木)　12/7(金)　15:00~18:00

最新情報は本校ホームページをご覧ください。

英語で話そう！

川村　宏一先生
早稲田アカデミー　事業開発部
英語研究課 課長

朝がちょっぴり苦手な中学３年生のサマンサは、父（マイケル）と母（ローズ）、弟（ダニエル）との４人家族。

ある日曜日、サマンサが家で勉強をしていると、友人のリリーから電話がかかってきました。

Lily　：Hi, Samantha. This is Lily. It is a nice day today, so how about going downtown?
リリー：もしもし、サマンサ。リリーだけど。今日は天気がいいし、街に遊びに行くのはどう？

Samantha：I'd love to, but I can't today. I'm studying for the exam tomorrow. …①
サマンサ　：行きたいけど、今日は行けないわ。明日の試験に向けて勉強をしているの。

Lily　：Oh, don't say that. You can study afterwards. …②
リリー：そんなこと言わないでよ。勉強はあとでもできるわ。

Samantha：No way. Tomorrow's exam is important, so I need to concentrate. Don't you study for the exam?
サマンサ　：ダメ。明日の試験は大事だから、集中する必要があるの。あなたは試験勉強をしないの？

Lily　：Of course, I have to. Then, after studying for an hour, let's go out together to have a little break. …③
リリー：もちろん、しなきゃダメよ。じゃあ、１時間勉強したら、いっしょに少し休憩をするために出かけましょう。

今回学習するフレーズ

解説①　I'd love to.	（勧誘などの返答として）「ぜひ～したい」⇒断るときなどにも、冷たくならないように「I'd love to, but …」などともよく使われる表現。 (ex) "Would you like to go to the movie with us?" "I'd love to." 「私たちと映画に行きませんか？」「ぜひ行きたいです」
解説②　Don't say that.	「そんなこと言わないで」 (ex) "I'm busy now, so I can't help you." "Don't say that." 「いま忙しいので、あなたを手伝えないの」「そんなこと言わないで」
解説③　have a break	「休憩する」 (ex) "Let's have a break." 「休憩しましょう」

早稲田アカデミー大学受験部のココがスゴい！

今回は、講師のサポートについて紹介します！

早稲田アカデミー大学受験部には、難関大学の入試を長年研究し、入試制度から出題傾向、学校情報まで知りつくした講師が多数在籍しています。講師は、授業をするだけではありません。生徒一人ひとりの学習状況をしっかり把握し、きめ細やかな指導で「難関大学現役合格」という夢の実現をサポートしていきます。

古居《ふるい》 美香《みか》 先生
早稲田アカデミー
事業開発部
大学受験課 課長
東大必勝コース責任者

授業だけじゃない！　君の学習状況を講師がしっかり把握

早稲田アカデミー大学受験部の特長は、講師と生徒の距離が近いこと。オープンカウンターでお互いの顔がよく見える講師室は、生徒からも講師からも声を掛けやすい雰囲気になっています。学習内容でわからないことがある場合は直接質問することができますし、講師の方から学習の進みぐあいや模試の出来などについて尋ねることもあります。

わからないところや疑問点はそのままにせず、担当講師まで遠慮なく相談してください！

進路指導や個別面談も講師が担当

早稲田アカデミー大学受験部では、講師が学期ごとにみなさんと面談を行っています。生徒と講師の個別面談、保護者様を交えた面談、高３を対象とした受験校決定面談といった機会を通じて、家庭学習の進め方や部活との両立の仕方、進路や志望校についてなど、あらゆる相談にお応えします。

君の「目標」「課題」「結果」を講師と共有！　サクセスダイアリー

塾生全員に渡される塾生手帳「サクセスダイアリー」。授業や宿題の予定、自分で立てた1週間の学習スケジュールを書き込むことで「今やるべきこと」が明確になります。また、模試の得点や講師との面談の内容も記録できるので、これまでの努力の軌跡や今後どう取り組めばよいかが一目でわかります。さらに担当講師が毎週チェックして、みなさんと学習状況や課題を共有します。

講師は君の努力の足跡をしっかりチェックし、一番近くで応援します！

早稲田アカデミー 大学受験部

お電話で 0120-97-3737
スマホ・パソコンで 早稲田アカデミー 検索

池袋校 03-3986-7891(代)	御茶ノ水校 03-5259-0361(代)	渋谷校 03-3406-6251(代)	荻窪校 03-3391-2011(代)	国分寺校 042-328-1941(代)	調布校 042-482-0521(代)
たまプラーザ校 045-903-1811(代)	新百合ヶ丘校 044-951-0511(代)	大宮校 048-641-4311(代)	志木校 048-476-4901(代)	最寄りの大学受験部校舎までお気軽にお問い合わせください。	

夢は続く、その先も。

早稲アカ大学受験部の人気講師が、ひと足早く教えます！

高校での学習はこう変わる！ 数学編

増える科目、単元……君に必要なのは？

高校で学ぶ数学には、おもに数学Ⅰ・Ⅱ・Ⅲ・A・Bがあります※。高１で学ぶ数学Ⅰ・Aは中学で学んだ知識を基礎としたものから始まりますが、次第に「数列」や「微分・積分」などのまったく新しい単元が登場し、難度が上がっていきます。また、高校入試と違い、志望する大学や学部によって学ぶべき科目が異なることも、高校数学の特徴といえます。といっても「文系なら数学は必要ない」ということではありません。国公立大学を志望する場合、文系であっても多くの大学で「数学Ⅰ・A」「数学Ⅱ・B」がセンター試験の必須科目となっています。理系では、国公立大学・私立大学ともに「数学Ⅰ・A」「数学Ⅱ・B」「数学Ⅲ」が出題範囲となります。※学習指導要領の改訂により、2022年度からは数学Cも加わります。

中学数学の確かな理解が、高校数学につながる！

●中学で学ぶ定点公式

中学では、次のような「関数における定点公式」を学習します。

図1

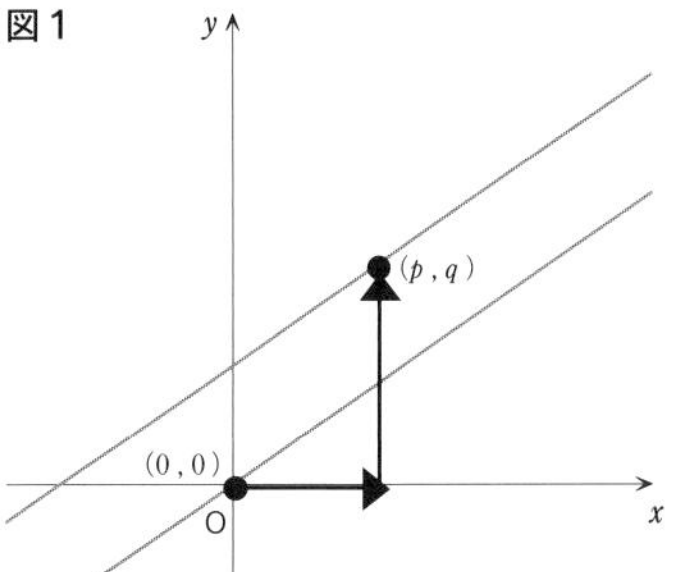

定点公式
傾きがaで、座標（p, q）を通る直線の式は
$y=a(x-p)+q$
と表せる。

まずはこの公式について考えてみましょう。式の形を変えて$y-q=a(x-p)$と表すと、この公式の証明がわかりやすくなります。

原点（0, 0）を通る直線を$Y=aX$とします。この直線をx軸方向にp、y軸方向にqだけ平行移動します。このとき、原点（0, 0）にあった点は座標（p, q）まで移動するため、平行移動した直線は座標（p, q）を通ります（図1）。

また、直線$Y=aX$をx軸方向にp、y軸方向にqだけ平行移動したわけですから、$X+p=x$…①、$Y+q=y$…②とするとき、このx、yを満たす直線の式が、傾きがaで、座標（p, q）を通る直線の式を表すことになります。①、②の式をそれぞれ移項すると、$X=x-p$、$Y=y-q$となりますので、これらを$Y=aX$の式に代入して、$y-q=a(x-p)$となるわけです。

●二次関数の拡張

さて、ここからが本題です。中3の単元である「二次関数」では、グラフの式は$y=ax^2$となりますが、このとき放物線の頂点は原点（0, 0）にあります（図2）。

一方、高校数学での二次関数のグラフの式は、一般的な形として$y=ax^2+bx+c$で表します。この式は、解の公式を導き出すときに使う平方完成を用いて、$y=a(x-p)^2+q$と変形することができます。

この式、先ほどの定点公式に登場する$y=a(x-p)+q$にそっくりですよね？　それもそのはず、$y=a(x-p)^2+q$も、$y=ax^2$をx軸方向にp、y軸方向にqだけ平行移動したグラフだからです（図3）。このとき、原点（0, 0）にあった放物線の頂点が、座標（p, q）に移動したわけですから、放物線の式$y=a(x-p)^2+q$は、比例定数がaで、頂点が（p, q）にあるグラフだと説明することができるのです。

図2

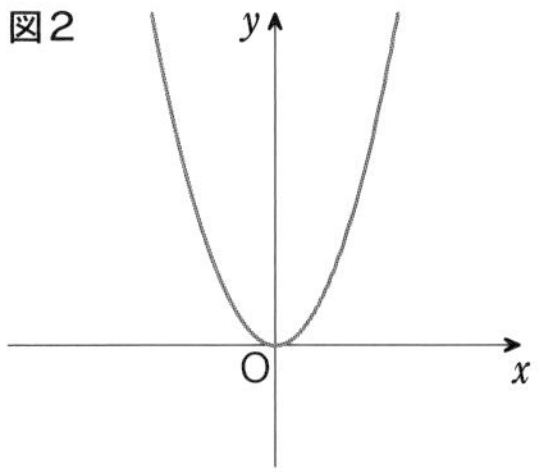

図3

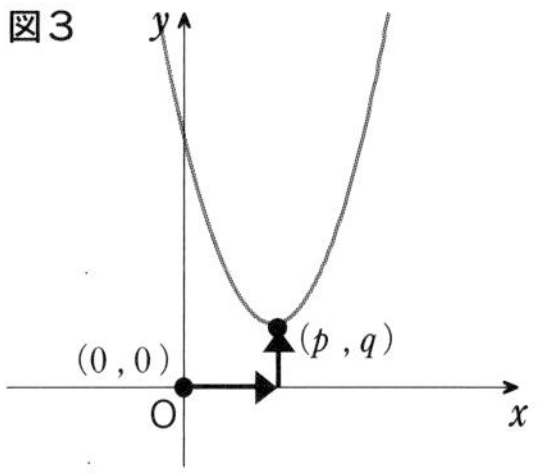

このように、中学では“便利な公式”としかとらえていなかった定点公式が、じつは高校数学において重要な役割を担ってきます。いま、みなさんが一生懸命取り組んでいる学習は、高校受験が終わったら無駄になってしまうわけではありません。高校での学習、そして将来の学びに直結するものなのです。

川俣《かわまた》 康全《やすまさ》 先生
大学受験部志木校　校長

今回教えてくれたのは…

中学、高校、大学受験に精通し、豊富な指導経験から生徒一人ひとりの学習状況にあった適切なアドバイスを送る、頼れる校長。緻密な板書とわかりやすい解説は、「本質的な理解が深まる！」「得点力が伸びる！」と、多くの生徒から支持されている。

みんなの数学広場

問題編

答えは50ページ

初級～上級までの各問題に生徒たちが答えています。
どの生徒が正しい答えを言っているか当ててみよう。
もちろん、当てずっぽうじゃなく、実際に問題を解いてみてね。
今回も中級からスタートです！

TEXT BY かずはじめ
数学を子どもたちに、楽しく、わかりやすく、使ってもらえるように日夜研究している。好きな言葉は、"笑う門には福来る"。

中級

小学生のころ、分数を$\frac{7}{3}$と書いてはいけなかったことを覚えていますか？

仮分数は帯分数にしなければいけませんでしたね。

しかし、中学生になると、仮分数がこのままでＯＫになり、むしろ仮分数を帯分数にはしないという不思議な現象が起きます。

高校でも、中学生の間はしなければならなかった数学の約束事で、高校生になるとしなくてもよくなるものがあります。それは次のどれでしょうか。

１：例えば$\sqrt{12}=2\sqrt{3}$とせず、$\sqrt{12}$のままでいい。
２：例えば$\frac{1}{\sqrt{3}}=\frac{\sqrt{3}}{3}$とせず、$\frac{1}{\sqrt{3}}$のままでいい。
３：分数の約分をしなくていい。

A

答えは･･･
1

B

答えは･･･
2

C

答えは･･･
3

上級

ある店では、１時間に平均５人の客が来ます。

来客の仕方はランダムだとするとき、１時間に３人の客が来る確率を求めてください。

A

答えは･･･

約10%

これぐらいじゃないの？

B

答えは･･･

約14%

計算するとこんなものでは？

C

答えは･･･

約18%

私も計算したらこうなったよ。

初級

厚みのあるカバーのついた本が３冊あります。

1冊目の本は400ページで、本全体の厚さが3.6cmありました。

また、同じカバーのついた２冊目の本は350ページで3.2cmでした。

３冊目も同じカバーがついていて、1000ページあります。

さて、３冊目の本の厚さは何cmですか。

A

答えは･･･

3.8㎝

1000ページだとこれぐらい。

B

答えは･･･

4.5㎝

400ページで3.6cmだからね。

C

答えは･･･

8.4㎝

自信あり！

みんなの数学広場 解答編

中級

正解は **B**

答えは2です。

分数の分母から√（ルート）をなくすことを分母の有理化と言いますが、高校では、例えば問題文に「分母を有理化せよ」といった指示がなければ、中学のときのように分母の有理化をする必要がなくなります。

どうしてでしょうか。不思議な習わしですね。

A 例えば$\sqrt{64}$だったら、8にした方が見やすいよね？

B やったね!!

C それはさすがにないんじゃないかな。

上級

正解は B

これはとても難しい話で、大学の統計学の時間に習う「ポアソン分布」という、このような確率を求める公式があるのですが、１時間に平均５人来るお店で、１時間に３人だけ来る確率は14.04%と計算で求めることができるのです。興味があったらぜひ自分で調べてみてください。

A

これだと１時間に７人来る確率になるよ。

B

やったね!!

C

18%ぐらいだと、１時間に４人か５人来る確率なんだ。

初級

正解は C

カバーは同じ厚さなので、

3.6－3.2＝0.4cmが400－350＝50ページ分に相当します。

1000ページは、400ページより600ページ多いので、

600÷50＝12　より、

３冊目は、１冊目より0.4×12＝4.8cm厚くなるので、

3.6＋4.8＝8.4cm　です。

A

この答えだとページ数がほとんど変わらないことにならない？

B

400ページで厚さが3.6cmだとどうしてこの答えになるの？

C

やったね!!

先輩に聞け!

大学ナビゲーター

立教大学

経済学部経済学科3年生

丸尾《まるお》 琴美《ことみ》さん

勉強、ラクロス、就職活動…すべてを頑張っていきたいです

おしゃれで雰囲気のいい立教大・池袋キャンパス

――経済学部の学生が通う池袋キャンパスの特色を教えてください。

「まず、キャンパスの雰囲気がおしゃれですし、校舎も趣があって素敵です。受験生のとき、立教大が模試の会場になっていたので訪れたところ、その雰囲気が気に入りました。校舎がドラマや映画のロケ地として使われることもあって、私も撮影を見かけたことがあります。

あと、図書館がとてもきれいなのもポイントですし、ジムは体育会の学生はもちろん、体育会に所属していない学生も簡単な講習を受ければだれでも自由に使えます。女子ラクロス部に所属する私も1年生のころはよく利用していました」

――なぜ経済学部経済学科を志望したのですか?

「昔そろばんを習っていたこともあって計算が好きだったので、数字を扱う学部に進みたいと思ったからです。とはいうものの、理系に進むほど、理数系の教科が得意というわけではなく…。そこで、文系の学部のなかで一番数字を扱えそうな経済学部を志望しました」

――実際に入ってみてどうですか?

「簿記などではもちろん数字を使いますが、経済学の歴史やメカニズムを先生から一方的に聞くという講義が多かったので、正直に言うと、想像とは違いました（笑）。

朝の勉強がおすすめ

大学受験のときには、あまり夜更かしをせずに夜12時ごろには寝て、翌朝6時ごろに起きるという生活で、6時に起床→勉強→朝食→登校という流れで毎日過ごしていました。

最初のうちは眠くてなかなか集中できませんでしたが、眠いなか無理やり勉強スイッチを入れ続けているうちに、だんだん慣れてきました。慣れてくると朝の方が頭がすっきりしていて集中できるのでおすすめです。

お風呂で歴史を復習

暗記が苦手で、とくに覚えることが多い歴史は苦手でした。参考書を読むだけでは覚えられないし、ひたすら書いて覚えようとしても手が疲れてしまって長続きせず…。そこで取り入れていたのは、「歴史の流れを声に出して覚

奥に見えるゴールに向かってボールを運ぶ丸尾さん

丸尾さんが簿記の勉強をするときに使用しているノート

でも、簿記以外にも楽しく受講しているものがあります。その1つが『都市生活誌』です。これは、都市に住む人々が抱えるさまざまな問題について学ぶ社会学系の講義で、私たちの生活に直結する身近な問題が取り上げられるので、興味深く聞いています。

　また、テレビを見るのが好きな私にとって、過去のニュース映像をもとに各局の報道の仕方を比較しながら、メディアのあり方について学ぶ『メディアと人間』という講義もおもしろく感じました。例えば、ある事件の犯人について、A局は実名で報道し、B局は実名を伏せて報道した、というように、局によって報道の仕方は異なるんです。ニュースだけではなく、当時のバラエティ番組を比較した回もありましたね」

――部活動について教えてください。

「中高時代はクラシックバレエを習っていましたが、ケガで続けるのが難しくなったので、大学からラクロス部に入部しました。ほかのスポーツと比べてラクロスは大学から始める人が多いことと、立教大のラクロス部は関東学生リーグの1部に在籍する強いチームで、部員数が多かったことが入部の決め手です。

　部員は1～4年生合わせて200人ほどいるので、部のなかで4チームに分かれています。上手な選手を集めた1チームが関東学生リーグに出場し、ほかの3チームは立教大主催の準リーグに出場しています。

　私はその準リーグに出場するチームに在籍していて、ポジションはアタック、もしくはミッドフィルダーです。チームプレイなので、自分がパスを出したチームメイトがシュートを決めた瞬間、逆に仲間からいいパスをもらって自分がシュートを決めた瞬間はとても嬉しいです」

――今後の目標はなんですか？

「ラクロス部の引退（4年生の12月）まで部活動をやりきりたいのと、徐々に就職活動が本格化してくるので、両立を頑張りたいです。夏休み中は部活動が忙しく、インターンなどに参加できなかったので、商社に就職するという目標に向かって、これから色々なことに挑戦していきたいと思っています」

える」という方法です。

「◎◎年に起こった○○の影響で、△△につながって…」というふうに、出来事同士を結びつけて覚え、それをだれかに説明するように話しながら復習します。そうすると、知識が定着しやすくなるので、よくお風呂に入りながら声を出して復習していました。

　この勉強法を続けたおかげで、歴史の流れはかなり正確に覚えることができました。でも、その反面、1問1答の対策をあまりしていなかったので、ほとんどの受験生が解けるような基本問題、例えば人物名を正しく書くようなものを正確に答えることができませんでした。流れを勉強するときに、そうしたこともしっかり確認しておけばよかったと後悔しましたね。

自分のペースを守ろう

クラスメイトが休み時間に、一心不乱に勉強していたり、授業中に違う教科の勉強をこっそりしている姿をみると、自分も同じようにやらなければ…と焦ることもあると思いますが、周りをまねして焦ってやっても、なかなか力は伸びないと思います。

　1人ひとり自分に合うペースや勉強法は違うはずです。日々の学校生活をおろそかにせず、休むときは休む、集中するときは集中して勉強する、というように、周りに流されずに自分のペースで勉強を進めてほしいです。

希望を地図に描く

スーパー特進類型スタート

スーパー特進類型

2018年4月新設の、難関国立大学などへの現役合格を目指す類型です。1クラス30人の少数精鋭で1年次から3年次まで7時間授業を展開。高い語学力と国際的視野を持った生徒を育成します。6教科8科目の受験に備えるために、難易度の高い学習内容の理解を深めながら、授業を効率的に進めていきます。1年次から自分が将来進みたい学部や学科を意識させながら、学習へのモチベーションを高めていきます。2年次から、文系・理系の選択を行います。3年次の後半は、現役での大学合格を実現できるように、演習や実践的な学習を積み重ねていきます。

特別進学類型

国公立大学や最難関私立大学に現役で合格することを目標とする類型です。3年間、7時間授業日が設定され、6教科8科目を徹底的に学んでいきます。また、生徒一人ひとりの個性や適性を見極めながら、将来、どんな職業が最もふさわしいのか、そのためにはどんな学部・学科が適切なのかを1年次からイメージさせていきます。その上で2年次からは、文系・理系別に授業を展開します。さらに、全国模試にもチャレンジし、その結果を参考に、志望大学を選定させ、受験への意欲を高めていきます。3年次の後半は、受験本番に向けて演習問題を繰り返し取り組み、現役合格を目指します。

▎主な進学先▎首都大学東京・会津大・明治大・立教大・中央大・法政大・青山学院大・学習院大・成蹊大・東京女子大・東京女子医大など

【現役合格率】 92.1%

【現役大学進学率】84.2%

選抜進学類型

GMARCHなどの難関私立大学に現役で合格することを目標とする類型です。1年次と2年次に、7時間授業日を設定するなど、豊富なカリキュラムを用意しています。体系的で効果的な学習方式を取り入れ、基礎学力を徹底的に身につけていきます。2年次からは文系・理系別に分かれます。集中授業や有名予備校の講師による特別講座などを夏・冬・春休みの長期休暇を利用して実施。得意な科目の理解度をより深めるとともに、苦手な科目を克服するなど、一層の学力向上を目指します。3年次後半は、目標とする志望大学に現役合格できるように実力を養います。

▎主な進学先▎早稲田大・明治大・法政大・國學院大・武蔵大・日本大・東洋大・専修大・芝浦工大・東京女子大・日本女子大・東京農大など

【現役合格率】 94.8%

【現役大学進学率】87.0%

普通進学類型

幅広い進路に対応できるカリキュラムが設定された類型です。クラブ活動や学校行事、委員会などに積極的に取り組む生徒をしっかりサポートしています。1年次は英数国などの主要教科で学び残しがないように、丁寧に、きめ細かく授業を進めながら基礎固めを行います。2年次は将来の進路に合わせて文系・理系別のクラス編成を実施。系統別に分かれた授業を通して基礎力を確実に身につけていきます。通常の授業以外に、夏・冬・春休みには進学講座が開催されています。苦手な科目や理解できない単元を補いながら学習していくことで、志望大学に現役合格できる学力が養われていきます。

▎主な進学先▎東京理科大・法政大・青山学院大・成蹊大・獨協大・武蔵大・明治学院大・日本大・駒澤大・専修大・芝浦工大・東京女子大・東京農大など

【大学進学希望者の現役合格率】 91.7%

【大学進学希望者の現役大学進学率】87.9%

学校説明会・個別相談

①校舎・施設見学 ②全体会開始

11月17日〔土〕 ①14:00 ②14:30

11月24日〔土〕 ①14:00 ②14:30

※個別相談は全体会（約1時間）終了後、希望制で行います。 ※事前の予約は必要ありません。

体験入学・個別相談（要予約）

①校舎・施設見学 ②全体会開始

11月18日〔日〕 ①14:00 ②14:30

11月25日〔日〕 ①14:00 ②14:30

12月 1 日〔土〕 ①14:00 ②14:30

12月 2 日〔日〕 ①14:00 ②14:30

12月 8 日〔土〕 ①14:00 ②14:30

※予約は、希望日と類型を電話にてお申し込み下さい。TEL03-3988-5511（平日9時〜17時）
または、学校説明会当日の全体会終了後に予約できます。
※個別相談は全体会（約2時間）終了後、希望制で行います。

今春の大学合格実績

国公立大学・大学校（準大学）…	7	埼玉大・首都大学東京2・宇都宮大・会津大・都留文科大・福井県立大
早慶上理 ……	4	早稲田大2・東京理科大2
GMARCH ……	45	学習院大6・明治大5・青山学院大3・立教大6・中央大6・法政大19
成成明武獨國 ……	69	成城大1・成蹊大8・明治学院大8・武蔵大18・獨協大20・國學院大14
日東駒専 ……	135	日本大30・東洋大67・駒澤大19・専修大19

学校法人 豊昭学園

豊島学院高等学校

TOSHIMA GAKUIN

併設／東京交通短期大学・昭和鉄道高等学校

スーパー特進類型 | 特別進学類型 | 選抜進学類型 | 普通進学類型

〒170-0011 東京都豊島区池袋本町2-10-1 TEL.03-3988-5511（代表）
最寄駅：池袋／JR・西武池袋線・丸ノ内線・有楽町線 徒歩15分 副都心線 C6出口 徒歩12分
北池袋／東武東上線 徒歩7分 板橋区役所前／都営三田線 徒歩15分
http://www.hosho.ac.jp/toshima.htm

あれも日本語　これも日本語

NIHONGO COLUMN No.106

「鬼」の入った慣用句

１０６回続いた連載も今回で最後。最終回は、「鬼」の入った慣用句を紹介しよう。

「鬼が笑う」は実現性の薄いことや、予想のつかないことをあざけっていう慣用句だ。よく使われるのは、「来年のことを言うと鬼が笑う」だね。

「鬼に金棒《かなぼう》」。鬼は強いよね。その鬼が金棒を持って、さらに強くなっていることだ。「最強のプロ野球球団にアメリカのホームラン王が入団したんだって。鬼に金棒だ。どこもかなわないね」なんて使う。「虎に翼」も同じ意味だよ。

「鬼の居ぬ間《ま》に洗濯」は恐い人やうるさい人がいない間にくつろぐことだ。ここでいう洗濯とは「命の洗濯」のことで、気晴らしして楽しむことをいうんだ。「今日は監督がいないから、自由に練習ができるね。命の洗濯だ」なんてね。

「鬼の霍乱《かくらん》」。霍乱とは日射病や食中毒のこと。鬼は丈夫だから病気にならないと思われているけど、それでも急に病気になることがある。そこから、日ごろ丈夫な人が急に病気になることをいうんだ。「風邪《かぜ》ひとつひいたことのないキャプテンが病欠だって。鬼の霍乱だ」とかね。

「鬼の目にも涙」。鬼は恐い存在で、情がないように思うけど、それでも涙を流すことがある。冷酷だと思う人もときに同情や憐《あわれ》みの感情を表すことがあるという意味だ。「いつも厳しい監督が優勝したら涙を見せた。鬼の目にも涙だ」なんてね。

「神出鬼没《しんしゅつきぼつ》」は鬼神のように現れたり、消えたりするところから、居場所や行動の予想がつかないことをいうんだ。「怪盗ルパンは神出鬼没だ。いつどこに現れるかわからない」なんて使う。

「疑心暗鬼《ぎしんあんき》」は疑いの気持ちがあると、つまらないことでも怖く感じたり、疑わしく思ってしまうことだ。「疑心暗鬼を生ず」の略だよ。

「百鬼夜行《ひゃっきやぎょう》※」は、多くの鬼や妖怪が夜、集団で歩くという日本の説話から出た四字熟語で、転じて得体の知れない人々が奇妙なふるまいをすること、さらには政治の世界などで、さまざまな陰謀がめぐらされることなどをいうんだ。「政治の世界は百鬼夜行だ。一寸先は闇だっていうらしい」というふうに使う。

※「ひゃっきやこう」とも

今月のキーワード

水星探査

▲PHOTO「みお」など２機の水星探査機を搭載し、打ち上げられるアリアン５号ロケット（2018年10月19日　南米・フランス領ギアナのクールー宇宙基地）写真：AFP＝時事

太陽系で最も太陽に近いところを回っている水星を探査するため、日本の宇宙航空研究開発機構（JAXA）と欧州宇宙機関（ESA）が共同で、10月20日（日本時間）に衛星を打ち上げました。日欧共同の衛星探査はこれが初めてです。

水星に関しては、アメリカ航空宇宙局（NASA）が1970年代に「マリナー10号」を打ち上げ、水星に磁場があることを発見しました。

また、2010年代には同じくNASAが「メッセンジャー」を打ち上げ、水星にカリウムやイオウなど、多くの揮発《きはつ》性元素があることを発見しています。

水星に関してはこの２機による探査があるだけで、なぜ磁場あるのか、なぜ揮発性元素が存在するかなど、謎が多い惑星です。

今回、打ち上げられたのは、JAXAの水星磁気圏探査機「みお」とESAの水星表面探査機「MPO」が合体した衛星で、ESAが開発したアリアン５号ロケットで南米のフランス領ギアナから打ち上げられました。７年後の2025年に水星の軌道に乗り、両機は分離したのち、それぞれ水星の周回を回り、探査を行います。

この探査によって、太陽系の惑星がどのようにして現在の姿になったのか、を知る手がかりが得られるとされています。

地球には北極、南極という磁場がありますが、地球より小さい火星、金星、月にはほとんど磁場がありません。それなのに、直径が地球の４割ほどの水星になぜ磁場があるのか、太陽に近い灼熱《しゃくねつ》の惑星でありながら、なぜ揮発性元素があるのか、水星は太陽系外から飛来した可能性があるのではないか、といった数々の疑問が出されています。

水星は太陽から約5800万kmのところを周回しています。地球と太陽との距離は約１億4960万kmですから、地球から見ると、太陽のすぐそばを回っていることになります。このため、地球の10倍の太陽光を浴び、探査機のアンテナなどは摂氏400度を超すことが予想されます。こうした障害を克服するため、断熱材など最新の技術で探査を行うことにしています。

今回のプロジェクトは日本にとって初の惑星探査の国際協力で、日本は約156億円を負担します。

２つの探査機は水星の周回を回り始めると同時に、多くのデータを地球に送ってくることになっています。謎の多い水星の姿がどこまで明らかになるのか、楽しみです。

大野 敏明　ジャーナリスト
（元大学講師・元産経新聞編集長）

ミステリーハンターQ（略してMQ）

米テキサス州出身。某有名エジプト学者の弟子。1980年代より気鋭の考古学者として注目されつつあるが本名はだれも知らない。日本の歴史について探る画期的な著書『歴史を掘る』の発刊準備を進めている。

ミステリーハンターQの 歴男歴女養成講座

春日 静

中学１年生。カバンのなかにはつねに、読みかけの歴史小説が入っている根っからの歴女。あこがれは坂本龍馬。特技は年号の暗記のための語呂合わせを作ること。好きな芸能人は福山雅治。

山本 勇

中学３年生。幼稚園のころにテレビの大河ドラマを見て、歴史にはまる。将来は大河ドラマに出たいと思っている。あこがれは織田信長。最近のマイブームは仏像鑑賞。好きな芸能人はみうらじゅん。

桶狭間の戦い

今回のテーマの舞台は戦国時代。兵の数では劣勢だった織田信長が、奇襲により今川義元に勝利した桶狭間の戦いを詳しくみてみよう。

勇 1560年（永禄3年）の桶狭間《おけはざま》の戦いってどういう戦いだったの？

MQ 織田信長《おだのぶなが》が今川義元《いまがわよしもと》を破った戦いだね。

静 どういういきさつで起こったの？

MQ 当時、今川義元は駿河《するが》（現・静岡県東部）を中心に遠江《とおとうみ》（現・静岡県西部）、三河《みかわ》（現・愛知県東部）に根拠を置く東海地方最大の戦国大名で、京都にのぼって、天下を統一することを考えていたんだ。それに対して尾張《おわり》（現・愛知県西部）に根拠を置いていた織田信長は、新興の戦国大名で、尾張の半国を統一したばかりだった。

勇 京都にのぼろうとした今川義元からすれば、通路にあたる信長は邪魔だったんだね。

MQ 義元は信長を滅ぼして京都にのぼろうとしていたから、信長としては、滅ぼされるかどうかの瀬戸際に追い込まれていたんだ。

静 軍事的には義元が圧倒的に有利だったんでしょ。

MQ 義元は旧暦の5月12日、2万人の大軍を率いて、駿河を出発した。このとき、先発したのはのちに徳川《とくがわ》家康《いえやす》となる松平元康《まつだいらもとやす》だ。

勇 信長はどうしたの？

MQ 根拠としていた清州《きよす》城に籠城するか、打って出て戦うかで軍議を行ったんだ。19日に今川勢が織田方の城を攻めたため、信長は清州城から出撃した。出撃に際して、信長は幸若舞《こうわかまい》（室町時代の踊り芸能）の「敦盛《あつもり》」という演目から、「人間五十年」という一節を舞ったとされる。このとき従ったのはわずか5騎。その後、各地の織田勢が集まって、約2000人になった。義元が陣取った桶狭間（現・愛知県名古屋市緑区と同県豊明市）は当時豪雨で、義元を守っていた兵力は約5000人。豪雨のなか、織田勢が本陣を急襲して、白兵戦となり、義元は討ち取られてしまったんだ。

静 天気は織田勢に味方したんだね。今川勢はどうなったの？

MQ 大軍を擁していたんだけど、総大将が殺されたので、戦意を喪失して、駿河に退却してしまい、織田勢の勝利となった。この結果、信長は今川から離反した徳川家康と同盟して、尾張を統一、美濃にも進出し、全国制覇に向かって力をつけていくことになるんだ。

桶狭間の戦いでの信長の勝利は奇跡的で、日本3大奇襲の1つといわれている。

サクセスシネマ

SUCCESS CINEMA

vol.106

クリスマスにぴったりの映画

サンタクロースになった少年

2007年／フィンランド
監督：ユハ・ヴオリヨキ

『サンタクロースになった少年』
価格：3,800円＋税
発売：オンリー・ハーツ

サンタの誕生を切なく温かく

　サンタクロースが、無償の愛を子どもたちに与えることになったキッカケを、美しく切ない、そして温かいオリジナルストーリーで描く作品です。

　妹と両親を失い、幼くして天涯孤独となった少年ニコラス。彼は、村にある家で1年ずつ交代で面倒を見てもらうことになりました。しかし、ある年、不漁に悩まされ、どの家でもニコラスを養う余裕がなくなってしまいました。そこで、彼は村に商売にくるイーサッキに引き取られることになります。気難しく、乱暴者に見えるイーサッキ。そんな彼との暮らしが始まります。

　少年が家族を失うという切ない物語ですが、ニコラスをはじめ、村の人も心優しい人ばかりで、心温まる爽《さわ》やかな後味を感じられるヒューマンドラマになっています。フィンランドで撮影された美しい雪景色も見所です。

　さて、ではサンタクロースはいったいどのようにして誕生したのか、クリスマスプレゼントはどのように作られているのか。それはみなさん自身で確かめてくださいね。

サンタを救え！～クリスマス大作戦～

2013年／イギリス
監督：レオン・ジューセン、アーロン・シールマン

『サンタを救え！～クリスマス大作戦～』
DVD絶賛発売中
3,800円＋税

夢にあふれるサンタの街を描く

　サンタクロースはクリスマスイブに世界中の子どもたちにプレゼントを配る。そんなことがどうして可能なのか、その秘密を教えてくれるアニメーション映画です。

　バーナードはサンタクロースの街に住む妖精。平和な街にある日、サンタクロースから一晩でプレゼントを配ることができる秘密を聞き出そうと悪者たちがやってきます。バーナードはサンタクロースを助けようとしますが、彼はただのトナカイのフン掃除係。さて、そんな彼にサンタクロースを救うことができるのでしょうか。

　じつはこの映画、ある理由から同じシーンを色々な視点から見ることになるのです。伏線があちらこちらに散りばめられているので、どのシーンもしっかりと頭に入れておいてくださいね。

　アニメーションで描かれるサンタクロースの街はかわいらしく、夢と希望にあふれています。そんな街を舞台に、アクションあり、ミュージカルあり、そしてホロリとする場面あり。さまざまな仕掛けを楽しめる心弾む映画です。

34丁目の奇跡

1994年／アメリカ
監督：レス・メイフィールド

『34丁目の奇跡』
ブルーレイ発売中
1,905円＋税
20世紀フォックス ホーム エンターテイメント ジャパン

サンタが裁判にかけられた!?

　子どもたちに夢を与えてくれるサンタクロース。みなさんは、その存在を信じますか。本作には、自らをサンタクロースだと名乗る人物が登場します。はたして彼は本物なのでしょうか。

　恰幅《かっぷく》のいい体型や白いひげなどがサンタクロースにそっくりなクリス・クリングル。クリスマスシーズンのデパートでサンタクロースに扮する仕事を任されます。じつは彼、自らを本物のサンタクロースだといいます。そんなクリスがある事件を起こしてしまい、そのことがきっかけで、彼が本物のサンタクロースなのか否かをめぐる裁判が行われることになってしまいます。

　サンタクロースという夢のある存在が現実的な裁判にかけられるというユニークなストーリー。証人喚問での奇想天外なやりとりに引き込まれていくことでしょう。みなさんだったらどのような判決をくだすでしょうか。

　原作は1947年に制作された映画で、長く世界で愛されているクリスマスの名作です。クリスマスにぜひ見てみてくださいね。

まさかこんな理由で絶滅していたなんて…

　地球に生命が誕生して以来、数多くの生物が生まれ、そして絶滅していった。「絶滅」という言葉は、あまりいい響きに聞こえないが、「生き物の歴史をながめてみると、そうではない」ことがわかると、東京動物園協会評議員で、『わけあって絶滅しました。』の監修者・今泉忠明さんは言う。

　なぜなら、長い地球の歴史において、それまで栄えていた種族が絶滅することで、別の種族が繁栄したり、進化したりすることを繰り返して、いまの姿があるからだ。

　例えば、私たち人間にもつながるほ乳類や、鳥たちの鳥類は、恐竜が絶滅したおかげで、その後、爆発的に進化することができたんだ。

　さらに、人間の祖先も、一度は多くの類人猿が絶滅した環境を乗り越えたなかから人類へと進化していった。

　だから、「絶滅」自体は自然の大切な仕組みの1つであることは間違いないのだが、今泉さんは本書の「はじめに」のなかで「『自然が引き起こした絶滅』と、『人間がかかわった絶滅』はまったく別物」だと話す。

　それは、人間による絶滅は、ここまでに紹介したような、進化や新しい種の誕生につながることがないからだ。

　本書では、60のすでに絶滅した生物と、10の「絶滅しそうでしていない」生物について、人間が理由のもの、そうでないものの両方が、イラスト入りでコミカルに描かれている。

　人間が理由にしろ、そうでないにしろ、なかにはそんなささいなことで！　と驚くような理由もあることだろう。さらに、絶滅の仕方はすべて違っていて、最初から最後まで飽きずに読み進めることができる。

　巻末には、「絶滅全史　3分でサクッとわかる生き物の繁栄と絶滅の歴史」なんていう別冊もついている。

　地球が誕生した先カンブリア時代から新生代新第三紀までをおさらいしながら、本書に登場する生物たちがどの時代に生きていたかも確認できるため、この別冊と合わせて、知識としてだけでなく、理科の勉強にもなる優れものだ。

『わけあって絶滅しました。』
監修／今泉 忠明
著／丸山 貴史
絵／サトウマサノリ
　　ウエタケヨーコ
刊行／ダイヤモンド社
価格／1000円＋税

今月の1冊

『わけあって絶滅しました。』

美 女子美術大学付属高等学校

JOSHIBI

2018年度 公開行事

学校説明会
11月17日(土)
14:00～

公開授業
11月17日(土)
11月24日(土)
各 8:35～12:40

すべて予約不要

ミニ学校説明会
12月1日(土)
1月12日(土)
各 16：00～

作品講評会
11月17日(土)
14:00～
(13:30 受付開始)

持参された作品に美術科教員がアドバイス。

2019年度 入試日程

〈推薦入試〉
試 験 日 1月22日(火)
募集人員 32名
出願期間
1月18日(金)・19日(土)
9:00～17:00
持参

〈一般入試〉
試 験 日 2月10(日)
募集人員 33名
出願期間
1月25日(金)～2月8日(金)
郵送必着(調査書・写真票)
※2月9日(土)持参のみ
9:00～12:00

※詳細はホームページをご覧下さい。

インターネット出願です

〒166-8538 東京都杉並区和田 1-49-8 [代表] TEL: 03-5340-4541 FAX: 03-5340-4542

http://www.joshibi.ac.jp/fuzoku

100th 2015 ANNIVERSARY

なんとなく

身の回りにある、知っていると勉強の役に立つかもしれない知識をお届け!!

得した気分になる話

先生　生徒

駅の名前が読めなくて…。

駅名ってさ、読みやすくしてほしいよね。

急にどうしたんだい？

だってさ、読めないと人にも聞けないし…。

なにかあったの？

この前ね、学校の課外授業で行った場所の駅名が読めなくて。あとで調べてわかったんだけど。

どこ？

書いてあげるよ…これ！

「九品仏」…。「クシナブツ」なわけないよね。

でしょ！　先生も読めないんだね～。

で、なんと読むの？

「クホンブツ」。

いや、知らなかったらわかるわけない（笑）。そういう駅名はたくさんあるからね。

例えばどこ？

書いてあげよう。「東雲」。

「トウウン」…？

全然違うんだよ。これはね、「シノノメ」と読みます。

えっ？　この漢字の字面に「シノノメ」なんて面影、まったく感じないよ。

だよね。だから調べたんだよ。この言葉の語源を。昔の家の窓には、明かりを取るために篠竹（しのだけ：小さい笹の種類の総称）でできている格子状の網目があったんだって。その網目の部分を目と呼び、篠竹でできていたから「篠の目」と言われ、転じて夜明けの薄明かりや夜明けそのものを意味するようになった。朝日の方角は東だから「東雲」とつながるらしい。まぁ、縁起のいい言葉なのかもね。

でもさ、それと駅名がどうつながるわけ？

それはね、東雲駅がある東京都江東区は埋立地が多い場所の1つで、埋め立てた新しい土地の名前をつけるにあたって、朝のさわやかな清々しいイメージ、新しく未来を感じさせる名前ということで選ばれたらしいんだよ。

へえ～。確かに新しい場所にふさわしいかもね。

じゃあ次にこれは読める？「国府台」。

「コクフダイ」？　きっと違うんだよね。字から想像できない読みとか？

いや、これは意外に納得できる読み方だよ。

だから「コクフダイ」。

おいおい、いまハズレだったでしょ（笑）。

わかんないよ。答えは？

「コウノダイ」だ。

へ～そんなふうに読むんだ。ほかには？

じゃあ、これは？　「軍畑」。

「グンパタ」！　ではないのはわかるけど…。だとすると、「クッパ」！

それさ、韓国料理じゃない？　なかなかぶっ飛んだ発想だなあ。

じゃあ、なんなの？

「イクサバタ」。

「イクサバタ」？

そう。軍は「イクサ」と読めるし、畑はそのまんまだ。まあ、クッパもおもしろかったけどね。

おもしろいだけじゃダメじゃん！

いや、「腹が減っては戦（いくさ）はできぬ」っていうじゃない？

先生、こんなときにそんなこと言うなんて、クッパ食べたいの？　そうとうお腹空いてるんだね…。

高校受験 ここが知りたい Q&A

9:45 AM 100%

大学受験がないことを理由に私立の大学附属高校を志望するのはダメですか？

私は私立大学の附属高校を第１志望にしたいと思っています。高校で大学受験のための勉強をしなくても、系列の大学に推薦入学が可能な点が魅力に感じるからです。でも、私の考え方は安易な道を選ぼうとしていると親に言われました。そうなのでしょうか？

（千葉県船橋市・中２・SA）

受験がないことは確かに魅力的ですが それだけにとらわれないことが大切です

私立の大学附属高校を選択するメリットは色々あると思いますが、その最大のものは、大学受験をしなくても附属の大学に進学できる点でしょう。実際に、私立の大学附属高校を選ぶ受験生の多くは、「大学受験をしなくてもいい」という点から附属高校を受験しているといえます。

「受験勉強をしなくてもいい」というのは、ある意味、それだけラクに大学生になれるのだと思う方もいるでしょう。しかし、各校とも受験に代わるシステム、例えば、進学要件として、一定の成績を満たさなければならなかったり、卒業研究の提出を義務づけていたりします。これらは受験勉強よりラクだとは言いきれません。

つまり、大学受験をしなくてもいい＝勉強をしなくてもいいというわけではないのです。「ラクに大学生になれるから」という点だけで私立の大学附属高校を選ぶのは得策とは言えません。

ただし、高大連携教育の一環として、大学の教授による出前授業、大学の講義聴講制度や研究室訪問など、高校生のうちから高度な学びを体験できる点、受験に追われることなく、クラブ活動や学校行事に全力投球できる点など、大学附属高校ならではのメリットも多々あります。こうしたことをふまえ、受験の有無だけにとらわれることなく、さまざまな観点から私立の大学附属高校を見ていくことをおすすめします。

Success Ranking

2017年と1888年 都道府県別人口ランキング

今年は明治維新から満150年。そこで２つの時代の人口を比べてみよう。現在の47都道府県とほぼ同じ体制となった1888年（明治21年）と最新の2017年（平成29年）のランキングだ。現在、人口が最も多い東京都が、1888年では１位じゃないのがおもしろいね。

2017年 人口の多い都道府県ランキング

順位	都道府県	人口（人）
1	**東京都**	1372万4000
2	神奈川県	915万9000
3	大阪府	882万3000
4	愛知県	752万5000
5	埼玉県	731万
6	千葉県	624万6000
7	兵庫県	550万3000
8	北海道	532万
9	福岡県	510万7000
10	静岡県	367万5000
11	茨城県	289万2000
12	広島県	282万9000
13	京都府	259万9000
14	宮城県	232万3000
15	新潟県	226万7000
16	長野県	207万6000
17	岐阜県	200万8000
18	群馬県	196万
19	栃木県	195万7000
20	岡山県	190万7000

1888年 人口の多い都道府県ランキング

順位	都道府県	人口（人）
1	**新潟県**	166万2900
2	兵庫県	151万500
3	愛知県	143万6100
4	東京都	135万4400
5	広島県	129万1400
6	大阪府	124万2400
7	福岡県	120万9600
8	千葉県	115万8800
9	長野県	110万7500
10	岡山県	105万9400
11	静岡県	104万8400
12	埼玉県	104万2400
13	熊本県	104万1500
14	茨城県	99万2100
15	鹿児島県	98万1200
16	神奈川県	91万9100
17	福島県	91万3800
18	山口県	91万800
19	三重県	90万8300
20	愛媛県	90万5100

※データを基に2017年は100の位、1888年は10の位を四捨五入した数値を記載

※「人口推計」（https://www.e-stat.go.jp/stat-search/files?page=1&layout=datalist&toukei=00200524&tstat=000000090001&cycle=7&year=20170&month=0&tclass1=000001011679）、「総合統計書」（http://www.stat.go.jp/data/chouki/02.html）（いずれも総務省統計局）を基に作成

知性　進取　誠意

入試説明会

③11月11日(日)　10:00～
④11月17日(土)　14:00～
⑤11月24日(土)　14:00～
※上記説明会は予約不要

※上履きと筆記用具をご持参ください。
※開始30分前より学校紹介ビデオを流します。
※個別相談の整理券は説明会開始前に配布いたします。
※**12月1日(土)** 14：00～、個別相談のみ実施（要予約）

2019年度　入試予定

	推薦入試		一般入試	
募集人員	男女150名		男女270名	
コース	特進コース(30名)	進学コース(120名)	特進コース(50名)	進学コース(220名)
試験日	1月22日(火)		2月10日(日)	
選抜方法	推薦書・調査書・作文・面接		調査書・学科試験(国・数・英) 必要と認められる者のみ診断書 面接(第一志望者)	

錦城高等学校 男女共学

〒187-0001 東京都小平市大沼町5-3-7　TEL 042-341-0741
http://www.kinjo-highschool.ed.jp/

EDUCATIONAL COLUMN

15歳の考現学

自分の未来につながるのは
生徒の参加度が高い学校

私立 INSIDE

私立高校受験

私立高校答案の主流
マークシート攻略法

公立 CLOSE UP

公立高校受検

東京都立高校の推薦入試
そのポイントとは

BASIC LECTURE

高校入試の基礎知識

模擬試験を見直して
ラストスパートを

受験情報

東京　来年度の都立高生募集では青山学級減、竹早学級増に

東京都教育委員会は10月、来年度（2019年度）の都立高校募集人員を発表した。来年度の都立全日制の募集学校数は172校で前年と変わらず、募集学級数は1067学級。前年より6学級減り、募集人員も4万1695人と240人減る。

学級減の内訳は、普通科の9校で各1学級減らす一方、同3校で各1学級計3学級増やし、差し引き6学級分240人を減らす。

このうち推薦入学の対象人員は9005人で、前年より3人しか減らさない。

学級減するのは、進学指導重点校の青山を含む次の9校。向丘…8学級→7学級、日本橋…7→6、東…7→6、青山…8→7、江戸川…9→8、東村山西…7→6、狛江…9→8、久留米西…7→6、八丈…3→2。学級増は竹早などの3校で、竹早…6学級→7学級、広尾…5→6、東大和…7→8。

全国　大阪、福岡で高校入試願書の性別不要に

大阪府教育庁と福岡県教育委員会は10月、それぞれ来年度の公立高校入試から、入学願書や受験票の性別記入欄を削除することを決めた。

選考に必ずしも必要ではなく、性同一性障害など性的少数者（LGBT）にも配慮したという。

ただ、両府県とも中学校の教員が記入して願書といっしょに提出する調査書については、従来通り性別を記入する。

この動きが、首都圏にも広がるかは、詳《つまび》らかではないが、影響が広がるとすれば、男女別に定員を設けている東京都立高校への影響が大きそうだ。

とくに東京医大が女子の合格者数を制限していた問題が波紋を広げているだけに、東京都教育委員会がどう反応するか注目していきたい。

15歳の考現学

自分の未来につながるのは生徒の参加度が高い学校

森上《もりがみ》 展安《のぶやす》

森上教育研究所所長。1953年、岡山県生まれ。早稲田大学卒業。進学塾経営などを経て、1987年に「森上教育研究所」を設立。「受験」をキーワードに幅広く教育問題を扱う。近著に『教育時論』（英潮社）や『入りやすくてお得な学校』『中学受験図鑑』（ともにダイヤモンド社）などがある。「わが子が伸びる 親の技（スキル）研究会」主催。教育相談、講演会も実施している。HP oya-skill.com

大学附属校の人気に火をつけた進学校がある

今春の首都圏高校受験状況について、東京の有名私立大とりわけ早慶MARCHといわれる、私立大の附属銘柄校の人気は高く、受験生が大きく伸びました。また、いわゆる東京の都立難関校＝進学指導重点校の受検者数も堅調でした。

受験事情に詳しい専門家は、その両方の受験者数が伸びたことを「事実」としたうえで、「その増加分はいったいどこから生まれてきたかという疑問を抱かざるをえない」としながらも、増加分の発生源を**桐蔭学園**の推薦入試に求めています。

その専門家は、受験者数の動きを何十年も見てこられた方ですから、その「読み」はおそらく妥当なのだろうと思います。

神奈川私立高の入試には「書類選考」と呼ばれるシステムもあるなど、きわめて簡便なのですが、それもあって桐蔭学園の推薦出願者数は大変な数になったと聞いています。桐蔭学園はこの春から共学に移行して、高入生のみの高等学校として独立して運営する方針が示され、受験生に好感されたことは間違いありません（中高一貫校は中等教育学校として別学校になっています）。

専門家の推理は、この桐蔭学園の大量の合格者が桐蔭学園の合格証をまず手にして、早慶MARCHをさらに受験したから、大学附属の受験生が増えた、と見るのです。

桐蔭学園の合格証を手にすることで、いわばMARCHクラスの大学には進学できる可能性が高い進学校ルートを確保し、一方で確実にMARCH以上に行ける各々の附属校を受験したのだろうというわけです。

MARCHの附属は落ちても桐蔭学園に行って、最低でも（失礼！）MARCHに合格できるように布石を打ったという理解です。

高校受験ともなれば、やはり3年後の大学進学は、より具体的になってきますから、まさに出口戦略として受験校選択をしているわけで、また、そういう受験の選択肢を1つ桐蔭学園が提供したということが学校と受験生の双方にとって大きな利益となったということでしょう。

選択の基準が大学にあり、もしくはその大学への出口戦略を持っているというところにポイントがあるということですね。

しかし、一方で「高校の選択」が

「大学の選択」に置き換えられてしまっているという言い方もできないでもありません。

大学を先に選ぶ高校選びと高校を先に選ぶ大学選び

この逆で高校の選択が、大学というより大学での学習に直結するという新しいモデルが生まれそうです。

文部科学省は、来年度からスーパーサイエンスハイスクール（ＳＳＨ）のうちの５校に、１つの大学をつなげて、高大一貫のモデル校とするというのです。

ＳＳＨでの研究の延長上に大学の研究があるのですから、これは大学も選ぶのですが、まさに高校３年、大学４年の７年制の学校といってもいいものです。

ＳＳＨ事業指定校では科学の手法をしっかり教えるとともに、研究の仕方も指導されます。いわば教育の質がかなり保証されますから、そのまま大学で通用します。それを入試で中断することがないようにしよう、ということにもなります。

ただし、これはあくまでＳＳＨ事業を行っている高校の一部にモデル校を作ってやることですから、一般的な方法になるのは少し先のことになるでしょう。

ともあれ、このシステムであればまさに、高校を選択すること（＝高校での業績）がそのまま大学を選んでいることにつながりますから、いわば大学附属校よりも教育の中身については、高大の接続がしっかりできていることになります。

おそらくこれで、成長が早くその道に秀でた生徒は、より能率的生産的に研究ができることになるはずです。

問題は普通の成績層生徒の、高校大学接続がどのようになるのか、まだ見えていないということですが、ただ、英語については少し見えてもきました。

東京大は外部検定テストを採用しないと言うけれど

いわゆる民間の資格検査テストを大学入学共通テストの英語の代わりに使用する方向性について一応合意を見ていることです。

つまり、この英語に見られるように、大学ひいては社会との連続性のある資格や学力評価を高大接続の際にも用いようとしていることです。

東京大でその資格検査テストの提出を義務づけないことが発表されていますから、結果として、東京大では大学入学共通テストでの英語入試で一次選抜が行われることで決まったのですが、それでも若干の揺り戻しがありながらも、方向性としては大学入試だけの評価テストから、４技能の外部テストを活用する方向に進んでいることは変わらないでしょう。

さて、中学生の高校選択としては、社会と自身がどのようにかかわっていけるのか、より理解できそうな授業を用意してくれる学校を選ぶのがいいことだと思います。

これまで多くの授業を受けてきたでしょうから、文化祭や説明会に参加して、なによりも授業がよく理解できるように工夫されているか、関心が持てるようなテキスト、アクティビティ（行事や部活動）、作品があるかという選択眼を持って、どの学校にするかを考えてみましょう。

外から見ていてわかりやすいチェックポイントは参加度です。授業への参加度は教員とのやり取りや生徒同士のグループディスカッションの充実ぶりだろうと思います。

そうした参加度の高さがあれば、思考力、判断力、表現力が一段と深みを増します。

じつは、さる高校に課題研究の講義をしにいった大学の先生が、授業を始めようと話を少しばかり始めたところ、教室の多くの生徒が眠っていた！というので怒り心頭で授業をやめてしまったという実話を聞きました。

ありえる話ですね。おそらく普段そうした授業が多いのでしょう。これでは主体的、積極的に学ぶはずの課題研究の授業など夢のまた夢ですが、この授業のあった学校ではまさに課題研究を看板に掲げているのですから、目標と実態との間に大きな齟齬《そご》があることになります。

筆者はそれを批判したいわけではありません。

生徒が参加するためには、まず理解を促すような先生の働きかけがどうしても必要です。

この理解のために生徒の精神にも動きが必要ですね。「おや」とか「へぇー」とか驚きに近いものがなければ、授業を聞く前から耳を貸さなくなっているものです。

おもしろい講義、おもしろい授業を通じておもしろいクラスメイトに出会えるような学校が、最もいい学校だという視点を持つことから始めてはいかがでしょう。

私立
INSIDE

私立高校答案の主流
マークシート攻略法

さあ、ラストスパートの時期に入りました。私立高校の受験生は入試本番のことが、いよいよ気になっているのではないでしょうか。今回は、私立高校の多くで、筆記試験の答案作成に使われるマークシート方式での解答の仕方について焦点をあててお話しします。

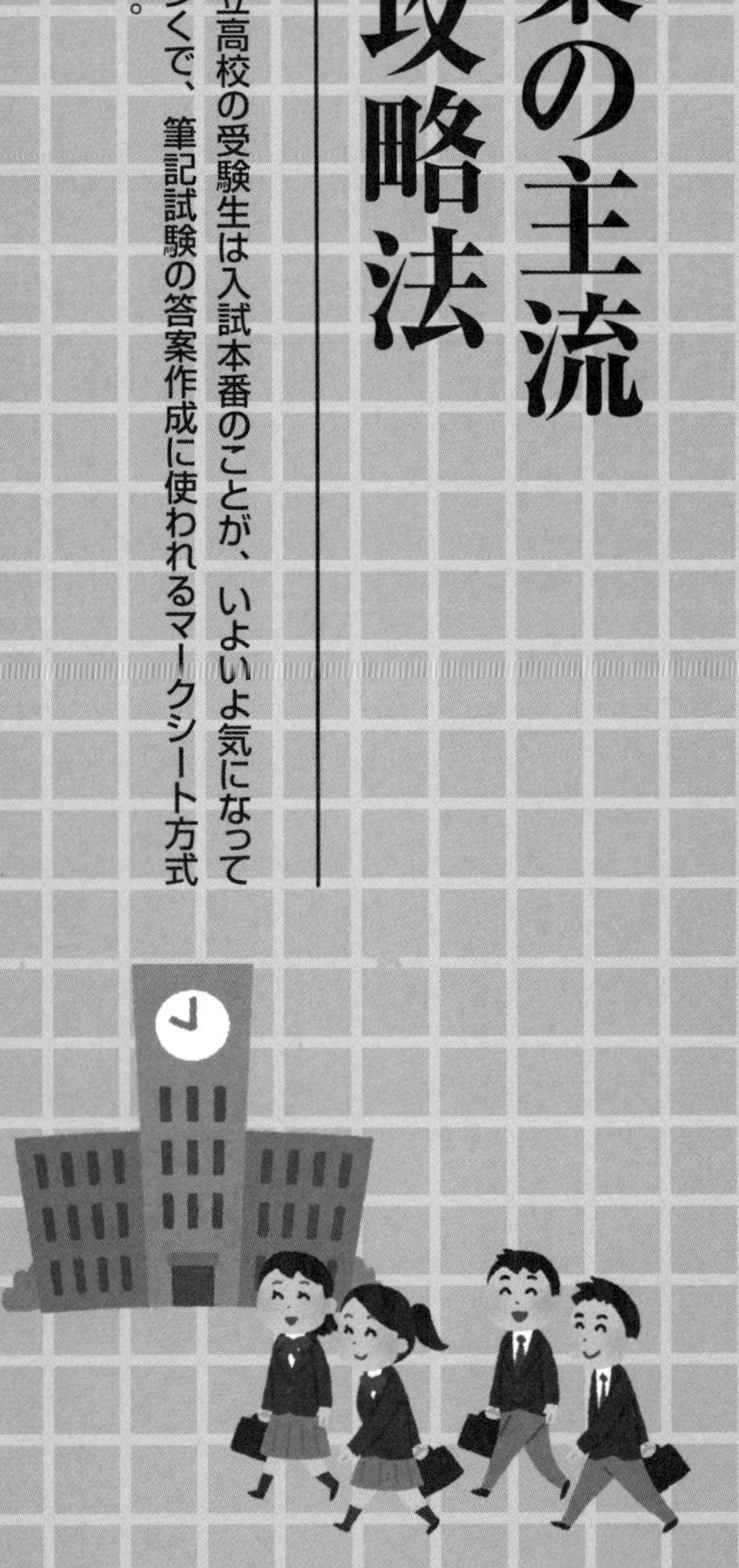

マークシート採点の利点は速くて正確なこと

受験生の数が多くなる私立高校の解答用紙は、多くの学校でマークシート方式を採用しています。２０１６年度（平成28年度）からは東京都立高校で、２０１７年度（平成29年度）からは神奈川県の公立高校入試でもマークシート方式が採用されています。

では、なぜこのようにマークシート方式が採用されるようになったのでしょうか。それは手での採点と比べて、マークシート方式が「高速」かつ「正確」に採点できるからです。

ですからマークシート方式は、受験者数が多く、限られた時間内に採点を行う試験に適しています。

首都圏の私立高校受験生数は非常に多くなります。埼玉県、千葉県などでは２０００人どころか３０００人を超えるところもあります。

また、私立高校の場合は公立高校との併願者が多いため、合格発表を急がねばならない事情があり、少しでも早く採点を終えたい、というニーズがあります。

東京都や神奈川県の公立高校がマークシート方式を採用することになったのは、相次いで判明した「採点ミス」を是正するためです。

公表されているマークシートでの精度をみると、大学入試センター試験では、適切にマークが塗られてさえいれば、マーク読み取り精度は99・99％を超えるそうです。この試験では55万人以上の受験者がいるのですから、その精度は驚異的です。

人間の目による採点と違い、文字の見間違いは絶対に発生しません。文字を書くわけではなく、塗られた数字を読み取る方式なのですから、当然といえば当然です。

ただ、記述式の解答箇所がある場合は、数字の読み取りではなく、人の目で確認し採点しています。

マークは焦らず濃く、丁寧に塗る

さて、マークの塗り方について初歩的な説明になりますが、原点に返ってみていきましょう。

まず、マークの形からはみ出さないように濃く塗りつぶしましょう。

マークの形は、楕円型、カッコ型、四角型、正円型等さまざまですが、首都圏の私立高校は楕円型がほとんどです。これは公立高校でも同じです。

ダメな塗り方をあげると、マークからはみ出したり、マークの線だけをなぞっている場合は、正しく認識されない可能性があります。

マークとして認識されるかどうかは、塗られたマークの濃度と、位置で決まります。

このため、「解答マークはしっかり塗る」「訂正したいマークはしっかり消す」「決められた箇所以外には記入しない」「シートを汚さない」ことが重要になります。

マークのなかは、均一に塗りつぶすことも心がけましょう。また、マークごとに濃度が異なったり、次の行になったら、薄くなったり、濃かったりするのも禁物です。

筆記用具は指定された濃さのものに従いましょう。多くの学校でHB以上に濃い鉛筆を推奨しています。

マークミスを防ぐには見直し時間を取ること

さて、よくあるマークミスには、どんなものがあるでしょうか。

■ノーマーク

マークを忘れてしまうミスのことです。マークを忘れてしまうミスは、生年月日や受験番号など、マークと手書き、両方で記入する場合に多く起きます。

手書きが終わった瞬間に、脳が「もう済んだ」と勘違いしてしまうのです。

手書きの部分から始めるのではなく、マーキングを先にするようにしましょう。

■ダブルマーク

1つの選択しか求められていないのに、マーク欄に複数のマークを塗りつぶしてしまうミスです。マークしたあと、もう一度「マーク欄に抜けがないか?」「1つだけ選択する問題で2つ以上のマークを塗りつぶしていないか」をしっかりと確認しましょう。

■0と1のスタートミス

学校によって、選択肢が0から始まるマークシートと、1から始まるマークシートがあります。0から始まる選択肢を1から始まる選択肢と勘違いし、塗り間違えるミスが「スタートミス」です。

受験番号「121」をマークすべきところを、0から始まるマークシートなのに、1から始まっていると思い込んで、実際には「010」とずれてマークしてしまうミスです。マークしたあと、しっかりとチェックしましょう。

■マークずれ

マークミスのうち最も多いのが、「マークずれ」です。マークすべき欄を勘違いした場合、次に続く欄についても順にずれていってしまうミスです。

これを防ぐためには、マークを1問ごとに塗っていく方法と、例えば大問ごとのように数問まとめて塗っていく方法があります。どちらが自分に合っているかを見極めておきましょう。

◆

【1問ごとに塗る方法】解答するマーク欄がずれてしまう可能性は低いが、1問ごとに塗る作業を行うため、思考が中断されてしまう。

【数問まとめて塗る方法】思考は中断されないが、時間配分によっては最後の設問を塗る時間が不足する可能性がある。また、マークする箇所が1箇所ずれた場合、まとめて塗った設問すべてがずれてしまう。

◆

数学の答案は、マーク欄がいくつも続く傾向がありますので、マークずれを起こしやすい科目だと意識しておきましょう。

わからない問題を飛ばす場合も、一応チェックマークをしておきます(あとで再度考えるために×印やレ点でチェック)。解答欄の左端にめだつように記しておくようにします。ここを空白にしておくと、それが原因でマークがずれることがよくあります。×印やレ点はあとできれいに消します。

試験終了間際になって「マークずれ」に気づいたが、修正しきれなかったということにでもなれば泣くに泣けません。

解答欄がずれていないかを、大問ごとなどで細かく確認するようにしましょう。

■分数ミス

数学でよく起きるミスです。

分数の解答を求められた場合、分母と分子のどちらを先にマークするのかも注意を要します。

解答は、普通は上から順ですから、分子から先にマークしなければならないのに、頭のなかで「○分の○」と反芻《はんすう》していたために、分母の数字を先にマークしてしまった、というミスです。注意しましょう。

公立 CLOSE UP

東京都立高校の推薦入試 そのポイントとは

以前は調査書の成績順で、ほぼ合否が決まっていたといわれた東京都立高校の推薦入試は、10年前に集団討論を導入するなど大幅に変更されました。その結果、受検生には新たなチャンスが生まれています。

安田教育研究所　副代表　平松《ひらまつ》 享《すすむ》

合否の決め方 色々な検査と話題

都立の推薦入試では、①「調査書」、②「集団討論・個人面接」、③「小論文又は作文」の合計点で合否が判断されます（学校によってはこれに実技が加わります）。

71ページの【表1】には、①〜③の満点の点数を各校ごとに示しました。合否が「調査書」に偏らないよう、「調査書」のウエイトは各校とも合計点の50％以内に制限されています。「集団討論・個人面接」のように、集団討論は個人面接とセットで評価されます。個人面接は、集団討論に立ち会った試験官（面接委員）が必ず担当することになっており、2度の機会を通して、受検者1人ひとりの得点をつけます。

そして、集団討論には学校が用意したテーマがあります。

今年のテーマは次のようなものがありました。

【日比谷】
自動化されると良いと思うものは何か

【国立】
①資料（スマホアプリを利用した勉強についての新聞記事）を読んで思ったこと
②勉強の仕方はどうあるべきか

また、男女や実施時間の違いで、異なる話題が示される学校があります。

③の「小論文又は作文」では、与えられたテーマから、500〜600字の論文（作文）を50〜60分で書きます。

今年度のテーマは…

【西】（作文）「問題を出さないで答えだけを出そうというのは不可能ですね。」（岡潔）という言葉について、あなたが感じたり思ったりすることを述べなさい。（600字、50分）

【立川】（小論文）①文章（野口悠紀雄著「知の進化論」）を読み、「知識の価値」はこれからどうなっていくと思うか、文章の内容をふまえて書きなさい。（300〜360字）

②ある市役所で、市民の環境に対する意識啓発のため、環境問題に積極的に取り組むための方法を考えることになった。以下のような【課題】と【条件】に対し、【資料】をもとに、どのような提案をするか。（図表を書いて説明してもよい）【課題】温室効果ガス（特に二酸化炭素）の削減に市役所としてどのような取り組みができるか【条件】使用できる施設：市役所の屋上（1200㎡）、市

役所裏の市有地（４０００㎡の空き地）環境対策費予算：３３００万円【資料】１・森林の二酸化炭素吸収量（1年間）２・１ｈａあたりの植林にかかる費用３・太陽光パネル…。

などなど、作文も小論文も決して易しいものとは言えません。ただ、みなさんのなかには、こうした事柄について深く考えたり、調べたりすることが好きな人がいると思います。そんな人は、学力テストとは違った知的な興味を感じませんか。

検査は、多くの学校で「小論文又は作文」→「集団討論」→「個人面接」の順で進みます。

検査日を2日間とする学校では、1日目に「集団討論」、2日目に「個人面接」を行い、受検者の多い学校では「集団討論」に複数のテーマを用意して、午前、午後に分けて実施します。

入試がすべて終わったあとに、②と③の推薦受検者全体の得点分布表が、各学校のHP上に公開されます。

【表1】2019年度（来春）の都立高校推薦入試定員枠と得点の内訳

指定等	学校名	定員枠	満点		
			調査書	集団討論・面接	作文、小論文
進学指導重点校	日比谷	20%	450	200	小論文　250
	戸山	20%	400	200	小論文　200
	青山	10%	450	150	小論文　300
	西	20%	360	240	作文　300
	八王子東	20%	500	200	小論文　300
	立川	20%	500	200	小論文　300
	国立	20%	450	150	小論文　300
進学指導特別推進校	小山台	20%	450	200	小論文　250
	新宿	10%	450	180	小論文　270
	駒場	20%	360	180	作文　180
	小松川	20%	500	250	作文　250
	町田	20%	450	250	小論文　200
	国分寺	20%	300	200	作文　100
	国際	30%	500	200	小論文　300
進学指導推進校	三田	20%	300	150	小論文　150
	豊多摩	20%	450	300	作文　150
	竹早	20%	500	250	作文　250
	北園	20%	500	200	作文　300
	江北	20%	450	150	作文　300
	城東	20%	400	200	作文　200
	墨田川	20%	200	100	小論文　100
	江戸川	20%	300	200	作文　100
	日野台	20%	450	225	作文　225
	武蔵野北	20%	450	225	作文　225
	小金井北	20%	500	250	小論文　250
	調布北	20%	500	250	作文　250
	多摩科学技術	30%	500	300	p実技*　200
併設型中高一貫	大泉	20%	450	250	作文　200
	富士	20%	450	200	作文　250
	白鷗	20%	500	300	作文　200
	両国	20%	500	300	小論文　200
	武蔵	20%	500	200	小論文　300

*多摩科学技術は作文・小論文の代わりにp実技（プレゼンテーション実技）という検査を行う。

「自分で考え、自分の言葉で表現する」

ここで「集団討論」について説明のためにある学校（A校とします）が作ったQ&Aの一部を紹介します。

Q　集団討論では面接委員と受検者の人数はどのようになりますか。

A　面接委員2～3名に対し、受検者5～6名の予定です。

Q　集団討論の時間はどれくらいですか。

A　一つの集団について、受検者が6名の場合は約30分、5名の場合は約25分を予定しています。

Q　集団討論は、面接委員主導型ですか、それとも受検者での自由な討論型ですか。

A　面接委員主導型で行います。受検者の中から司会役を出していただくこともありません。面接委員からの投げかけに応じて話し合いをしていただきます。例えば、集団討論のテーマが与えられ、それについての自分の考えを述べたり、他の受検者の考えを聞いて自分の意見を述べたりする形式が主となります。

Q　集団討論と個人面接の配点があわせて200点となっていますが、その内訳はどのようになりますか。

A　集団討論と個人面接は同じ面接委員が担当し、総合的に評価をします。集団討論と個人面接で別々に配点を設けているわけではありません。

Q　評価の観点について、わかりやすく説明して下さい。

A　集団討論と個人面接に共通な「評価の観点」は、①リーダーシップ・協調性　②コミュニケーション能力　③思考力・判断力・表現力の3つです。集団討論では、面接委員からの求めに応じて自分の考えや意見を述べる場面があります。その際、受検者が、自分の頭で考え、それを自分の言葉で表現する力をみていきます。同時に、周囲の考えや意見に耳を傾け、それに対する自分の判断や意見を伝える力もみていきます。

　実際の集団討論は、普通教室に生徒用のイスを半円形（または円形）に並べ、受検者5〜6人に対して先生が2〜3人つき、25〜30分程度行われました。話題は、多くの学校で開始直後に口頭で伝えられ、最初に考える時間を2〜3分取ったあとで討論に入ります。司会はA校のように先生が行う学校と、受検生に任せる学校があります。

　受検した生徒の話では「議論のテンポが速すぎてついていけなかった」、「単なる集団面接みたいだった」など、学校により、またテーマによっても、討論の内容はさまざまだったようです。

調査書による逆転の可能性と推薦入試の対策

　合否で調査書の順位の逆転が起きたかどうか、その可能性についてA校を例に考えてみましょう。

　A校の各検査の得点と総合得点に占める割合は、「調査書」が４５０点（50%）、「集団討論・個人面接」が２００点（22%）、「小論文」が２５０点（28%）。

　受検者の「調査書」の成績はオール5か、その付近と思われ、調査書点は４２０〜４５０点に分布すると考えられます。

　一方で「集団討論・個人面接」と「小論文」の得点は広く分布しているため、調査書点が満点の受検者も、20〜30点程度のリードでは、それ以外の検査で簡単に逆転されてしまうことがわかります。

　A校に限らず、その他の検査の得点分布が広いことで、調査書点の差を上回る得点を取り、逆転するケースは数多く起こったと想像できます。

【表2】過去３年間の都立高校進学指導重点校・集団討論の形式

学校名	年度	テーマ	時間	司会	先生：生徒
日比谷	16年	中学校で新しい教科を１つ作るとしたら何か。	30分	先生	2：6〜7
	17	日比谷高校のスローガンを考えよ。			
	18	自動化されると良いと思うものは何か。			
西	16年	NHK「生活目標に関する日本人意識調査」の資料から、選択肢のねらいやグラフの変化から分かることを読み取り、自由に討論する。	30分	生徒（任意）	2：5〜6
	17	「大量生産、大量消費、大量廃棄型の社会から脱却し、循環型社会を形成する施策を進めていくことについてどのように思うか」という質問に対する回答割合を示したグラフから読み取れることに基づいて、自由に討論する。			
	18	内閣府が平成28年に実施した「市民の社会貢献に関する実態調査」（日本の20歳以上の男女が対象）におけるボランティア活動について「平成27年（１月〜12月）の１年間のボランティア活動への参加の有無」「ボランティア活動への参加理由」「ボランティア活動への参加の妨げとなる要因」のグラフから読み取れることに基づいて、自由に討論する。			
国立	16年	2020年の東京オリンピック・パラリンピックに対して、どのように関わっていくことができるか。	20〜35分	なし（①を各自が述べてから、②について自由討論）	2：6〜7
	17	インターネットやAI（人工知能）が普及していくなかで、①社会はどう変化し何が起こるか。②人間の価値はどうなるか。			
	18	①資料（スマホアプリを利用した勉強についての新聞記事）を読んで思ったこと。②さらに記事を踏まえて勉強の仕方はどうあるべきか。			
戸山	16年	満18歳以上に選挙権が与えられることから、真に社会的に自立した人間になるためには、戸山高校でどのような生活を送り、どのように学ぶべきか。	25〜30分	生徒（任意）	[illegible]
	17	情報化やグローバル化、人工知能の発展等、急速に変化する社会に対応するため、本校で何を学びたいか。具体的な内容やその方法を考える。			
	18	東京オリンピック・パラリンピックが開催される2020年から2030年頃までの社会は、人間の予測を超えた情報化・グローバル化が進展し、知識中心の学習だけでは、変化が激しく複雑で予測困難な社会に対応できないと言われている。このことを踏まえ、戸山高校で何をどのような方法で学び、どのような力を身につけたいか。			
八王子東	16年	２枚の写真（都会と田舎の風景）を見て、現代人が生活しやすい環境はどちらか。	15〜30分	なし	3：5〜6
	17	東京郊外のＸ市の公園を再整備するなら、「高齢者施設」「保育所」「新しい公園」のどれにするか、資料をふまえて討論せよ。（資料「Ｘ市の現在の年齢別人口割合」「Ｘ市の平均世帯人数の推移」「Ｘ市の年平均気温の推移グラフ」）			
	18	将来、AIに任せて良い仕事とそうでない仕事。（AIの特性についての資料あり）候補：電話での販売員、裁判官、料理人、企業の採用担当、会計監査、医者、教師、タクシー運転手			
青山	16年	〔男〕斬新なアイディアを生み出すために必要なこと。〔女〕女性が社会でさらに活躍していくために必要なこと。	15分	生徒（任意）	3：6〜7
	17	〔男〕高齢者の運転による交通事故を減らすための取り組み。〔女〕選挙で若者の投票率を上げるための取り組み。			
	18	〔男〕2020年の東京パラリンピックで行われるブラインドマラソン（視覚に障がいがある方が走るマラソン）で、もしあなたがその伴走者になるとしたら、どのような点に気をつけるか。高校生活の抱負もふまえて話し合う。〔女〕2019年５月１日に元号が平成から新しい元号に変わるが、自由な発想で新元号を考え、その元号に込めた願いと高校生活の抱負もふまえて話し合う。			
立川	16年	10年間の日本のジェンダーギャップ指数（政治への参加、職場への進出、教育、健康度合いの４分野を使って男女の社会進出の差を指数化したもの）と、調査対象国数とその中の日本の順位を表したグラフを見て、男女が共に活躍できる社会のあり方について討論する。	20〜30分	なし	3：6〜7
	17	2020年を生きる若者を表現するキャッチフレーズを考える。			
	18	研究者に必要なものは何か。（立川高校では新年度より「探究」の授業を実施）			

　つまり、推薦入試で合格するためには、調査書の得点を高くすることが大切であることは言うまでもありませんが、たとえその得点が低くても、その他の検査で得点を稼ぐことができれば、合格の可能性はあるといえそうです。

　作文や小論文では、つねに自分で考える習慣を身につけることがポイントになります。集団討論でも、このページの上段にあるA校の「Q&A」の最後、棒線を引いた部分がポイントになります。

　都立の推薦入試で合格を勝ち取るための準備としては、「日ごろから自分で考えること、周りの人の意見に耳を傾けることが大事」ということになりそうです。

高校入試の基礎知識

模擬試験を見直してラストスパートを

中学3年生は、受験本番まで「あと2カ月」となりました。いよいよラストスパートの時期を迎えています。だからといって焦ることはありません。これからの何週間でも、入試の点数を大きく伸ばすことは可能です。今回は、そのために、これまで受けてきた模擬試験の結果を見直してのスコアアップを考えます。

模擬試験も残り回数わずか これからは答案見直し時期

夏過ぎから毎月受験してきた模擬試験も、これからは受ける機会が少なくなります。私立模擬ならあと1回、公立模擬でも数回受けられるかどうか、というところです。

これからの直前期は、これまでの模擬試験の返却答案を見直して、スコアアップにつなげましょう。

模擬試験の返却答案の見直しを効率よく進めるにはコツがあります。まず、「答案すべてを見直す必要はない」ということを頭に入れましょう。では、どうすればいいかというと、まず初めに「あと少しで正解できた問題」を探します。

各科目でここまで数回の答案を見ていくと、各科目でおそらく2～3問以上は見つかると思います。

選び出した問題とその解答を再度見てみます。

正解できなかった理由はなんだったのかを考えながら進めます。

計算ミス、設問意図の読み違え、答え方の勘違い、転記ミスなど、その理由を明らかにしましょう。

そして、実際の入試で同じような問題が出たならば今度は正解できるように、考え方や手順を身につけておきます。あと少しで正解できたはずの問題だったのですから、多くの時間をかけなくとも、自分のものにできるでしょう。

正答率に敏感になろう みんなができる問題から攻略

最近の模擬試験の成績表は、じつに細かく分析されています。

まず敏感になってチェックしてほしいのが正答率です。

「学力分析表」などと銘打った表に、すべての設問について全受験者の正答率が掲載されているはずです。

そして、その横には、あなたがその問題を正答したか否かが、○×などで示されているでしょう。

そこで、あなたが不正解となった問題の正答率を見てみましょう。

受験者正答率が90％もあるのに、あなたは間違えているとしたら、ほかの人はできた易しい問題を間違えている、ということになります。逆にいえば、この（ほかの人には）易しい問題を解けるようにすれば、すぐにスコアアップにつながるということです。易しいのですから、復習して理解するのも早いでしょう。

よく言われている正答率の見直し

順を示した言葉に『七五三』があります。

これは、70%、50%、30%の順に攻略していけ、ということです。つまり、自分が不正解だった問題を洗い出したあと、受験者正答率が70%以上だった問題を、まず学び直し、次に50%、30%と、難易度が易しい順から復習して確認していくという方法です。

正答率70%以上の問題で基礎・基本を再確認する

「正答率が70%以上ある問題」は、受験生なら「絶対解けなければならない問題」と言っていいと思います。基礎・基本を試されている問題だからです。

ですから、このような問題で取りこぼすことは、合否に直結すると考えて「なぜ間違えたのか」を慎重にチェックしましょう。

数学の計算問題、国語や英語の漢字や英単語、熟語に関する問題、社会や理科の基本的な語句を答える問題などがこれにあたります。

これを「こんなのわかってるよ」、「ケアレスミスだったから、次はできるよ」とタカをくくっていると大やけどにつながります。

受験では難しい問題の1点も簡単な問題の1点も、同じ1点です。

ですから、志望校に合格する点数を取るためには、難しい問題で1点を取るよりも、簡単な問題でミスなく1点を取ることの積み重ねが大事なのです。

みんなができて差がつかないはずの問題で、点数を稼げないケースは、受験に失敗する典型的なケースといえます。

本当に、ケアレスミスだったとしても、なぜケアレスミスに陥ったのかをつきつめて、本番では回避できるようにしておく必要があります。

ケアレスミスは、「しないように気をつけても、してしまうもの」です。

ケアレスミスをしないように気をつけるだけでは、入試本番で同じようなミスを再度犯してしまう可能性が十分にあるのです。

ですから冒頭で述べたように、これまでの自らのケアレスミスの傾向を過去の答案で洗い出して自覚しておく必要があります。

例えば、「合っているもの、間違っているもの」の取り違え、答えるべき単位の勘違いなど、ケアレスミスは多岐にわたります。しかし、個々を見れば、その人の個性と呼んでいいほど、同じミスを繰り返しているものです。

どうしたら防げるか、これらの「ミスを防ぐための確認作業」の手順を考えておけば、実際の場面でのスコアアップにつながります。しかもすべての科目に共通して克服できる可能性が高いのです。

繰り返しになりますが、正答率が70%以上ある問題は、すべての受験生が解けなければならない問題と心得ましょう。

進学校に進みたいのなら正答率50%の問題がカギ

次に、「もう一度解いたら解けそうな問題」であってほしいのが「正答率50%程度の問題」です。

正答率70%の問題は基礎・基本の問題でした。正答率50%の問題は、基礎的、基本的な知識を「応用し」解く問題となります。

数学ならば方程式の文章題、国語ならば読み取った心情を要約して書く問題、英語ならば文節の並び替え問題など、一問一答式解答ではなく、基礎的な知識を使って応用・活用しないと解けない問題がこれにあたります。

受験では、この正答率50%レベルの問題で差がつくことが多いので、このレベルで点を取ることが大切です。まず、基礎・基本となる知識や技能を確実に身につけているかどうかがカギですから、場合によっては中学校低学年時代に使った問題集の、その部分にまでさかのぼって復習する必要があります。

復習が終わったら、次に類題を何度も繰り返し解いて、問題慣れすることです。

この時期から過去問を解くことが推奨されるのもこのためです。

返却答案の「受験者正答率50%以上」の問題ができるようになれば、いわゆる進学校に合格する資格ができた、といっても過言ではありません。偏差値50%以上の学校をめざすなら、正答率50%以上の問題は正解できるようになっておく必要があり、それが進学校合格に直結しています。

進学校をめざす受験生にとって、じつは、正答率50%の問題は「正解しやすい問題」です。復習すれば、長い時間はかけずに解けるようになる問題でもあります。

また、いま受験者正答率50%以上の問題で不正解があるということは、(これを克服すれば)早晩、いま以上の点数を取れるチャンスだと考えましょう。

解けなくてもいい 正答率30％以下の問題

さて、正答率30％以下という難しい問題は「できれば解けた方がいい問題」という程度に理解しておけばいいと思います。

入試問題は、各科目の受験者平均が60点程度になるように作成されており、合格ラインも60～65％の正答があれば、まず合格といっていいのです。ということは、正解しにくい問題から、正解しやすい問題までバランスよく出題されているわけです。その正解しにくい問題が正答率30％以下の問題です。

ここまで話した、正答率70～50％の問題を取りこぼさず攻略できていれば、まず合格ラインはクリアしているはずです。

ですから、正答率30％以下の問題は「できれば解けた方がいい問題」といってよく、時間が残れば取り組んでみたい、という程度でいいと思います。

捨て問を判断するため 正答率と問題文を精査

正答率が高いのに、自分は解かなかった問題が見つかりませんか。

とくに最後の問題ページにこれがあるのは、時間配分の失敗、いわゆる時間切れです。

時間切れで、だれもが解ける問題を落とすのは、いかにももったいない事態です。

このミスの対処法は「捨て問を作る」ことに尽きます。

その前に出てきた、正答率30％以下の問題に時間をとられた結果ではないでしょうか。

ですから、模擬試験や志望校の過去問を再点検して、正答率の低い出題の種類、問題文の特徴を頭に入れて、入試に臨みましょう。

「まぐれ正解」を再点検 シビアな対応が大切

最後に注意してほしいのが、「まぐれ正解」問題の再確認と解き直しです。

「適当に選んだら正解できた問題」や「なぜだかわからないけれど正解できた問題」などを再確認しましょう。そのような結果は嬉しいものですが、これは模擬試験での結果です。「これも正解のうち」ではなく、シビアに「わからなかった問題なのだから、これも不正解のうち」と考えて点検します。

まぐれで正解した問題が、不正解だったら、その科目は何点だったのかをシビアに計算して、自らにつきつけてみましょう。

さらに、「本当にわからなかったのか」「途中までは理解できていたのか」など、再度解き直して、次に似た問題が出てきたらしっかりと根拠のある正解ができるように、繰り返し練習しておきましょう。

とくに選択肢問題が多い科目では、「適当に選んだらあたった」という、「まぐれ正解」も起こりやすいものです。同じ幸運が入試本番でも起こる可能性は高くはありません。

10月号の答えと解説

問題 ▶ 単語パズル

天国（heaven）と地獄（hell）のように、下のアミダをたどって８組すべてが対義語のペアになるようにするには、**ア**～**カ**の６本の縦線のうち、２本の線をつけ加える必要があります。どの線とどの線をつけ加えればいいでしょうか？　その記号を答えてください。

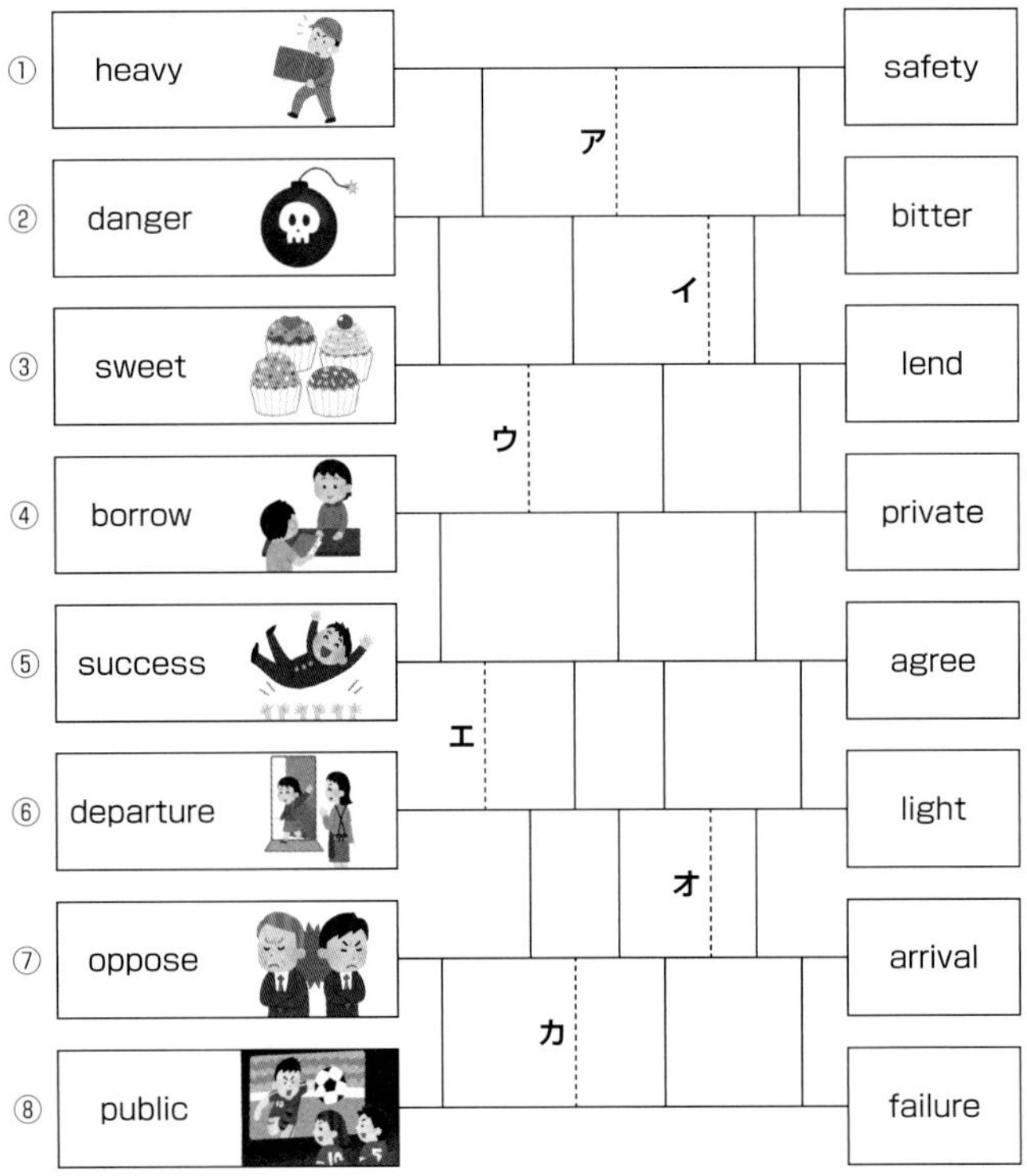

解答 ▶ イ、エ

解説

８組の対義語のペアをつくると、次のようになります。

①heavy（重い）⇔ light（軽い）
②danger（危険）⇔ safety（安全）
③sweet（甘い）⇔ bitter（苦い）
④borrow（借りる）⇔ lend（貸す）
⑤success（成功）⇔ failure（失敗）
⑥departure（出発）⇔ arrival（到着）
⑦oppose（反対する）⇔ agree（賛成する）
⑧public（公の）⇔ private（個人的な）

問題のアミダでは、②のdanger がprivateに、⑧のpublicがsafetyにつながっていますから、この２つの線が交差する直前の縦線「**イ**」をつけ加えれば、正しく結ばれることになります。

また、④のborrowがarrivalに、⑥のdepartureがlendにつながっており、この２つの線が交差する直前の縦線「**エ**」をつけ加えれば、正しく結ばれます。

中学生のための 学習パズル

今月号の問題

熟語しりとりパズル

スタートから始めて、すでに書かれている漢字や右のカギをヒントに、中心に向けて熟語のしりとりをしながら、すべてのマスを漢字で埋めてパズルを完成させてください。ただし、数字のついているマスは、カギの熟語の１文字目が入ります。

最後に色のついたマスを縦に読む三文字の熟語を答えてください。

→スタート

1		方	2		3	
12	13			14		4
物		21	22	23	15	5
11	進	26			庫	
	20		25	24	16	在
	19			18	17	6
10	9		8	投		7

カギ

1	行いがきちんとしていて正しいこと
2	奇策を用いず正々堂々と攻める
3	法学者・弁護士・裁判官など
4	一家のあるじ
5	国の政治のあり方を決めるのは、私たち国民にあるということ
6	国民の意思
7	お互いの気持ちがぴったりと合う
8	普通、アメリカのことをさす
9	国家が所有すること
10	名ばかりが立派で、それに見合う実質が伴わない
11	実物と同じ大きさであること
12	全体の半分以上。大部分
13	本当かどうか、信じきれない状態
14	英語では、文末に「？」をつける
15	おもに古典や定評のある著作類をおさめた廉価な小型本
16	その人の備えている優れた才能や特質。○○を発揮する
17	領土と領海の上部の空間
18	いままでに例がなく、これからもありえないようなこと。お笑い芸人のサンシャイン池崎のネタでもある
19	その日よりあとの日
20	日に日に絶えず進歩すること
21	⇔車道
22	旅行。旅行の途中
23	陽子とともに原子核を構成する素粒子
24	種子が発芽して最初に出る葉
25	葉の緑はこの色素があるため
26	⇔くろうと

応募方法

左のQRコードからご応募ください。
◎正解者のなかから抽選で３名の方に図書カード（1000円相当）をプレゼントいたします。
◎当選者の発表は本誌2019年２月号誌上の予定です。
◎応募締切日 2018年12月15日

10月号学習パズル当選者

全正解者24名

諸橋　良馬さん（中３・埼玉県さいたま市）
本間健志朗さん（中１・埼玉県北本市）
小林　咲良さん（小６・東京都大田区）

に挑戦!!

桐《とう》光《こう》学《がく》園《えん》高等学校

問題

次の (a) ～ (e) の文の［　　　］に入れるのに最も ふさわしい語をそれぞれ答えなさい。ただし，［　　　］に与えられた文字で始めること。

(a) “How many［l　　　］can Mr.Fujioka speak?”
“Three. Japanese, English and Korean.”

(b) “Where is my mother?”
“She is cooking in the［k　　　］now.”

(c) “How's the［w　　　］in Morioka?”
“It is rainy now.”

(d) “Do you have a［p　　　］?”
“Yes. I have a little rabbit.”

(e) “How was your exam today?”
“It was much［e　　　］than the last one.”

解答　(a) languages　(b) kitchen　(c) weather　(d) pet　(e) easier

- 神奈川県川崎市麻生区栗木3-12-1
- 小田急多摩線「栗平駅」徒歩12分、京王相模原線「若葉台駅」・小田急多摩線「黒川駅」スクールバス
- 044-987-0519
- http://www.toko.ed.jp/

学校説明会〈要予約〉
11月18日（日）　10：30～12：10

入試直前説明会〈要予約〉
12月23日（日祝）　10：30～12：10

明《めい》治《じ》大《だい》学《がく》付《ふ》属《ぞく》中《なか》野《の》八《はち》王《おう》子《じ》高等学校

問題

右の図のように，１辺が４cmの立方体に球が内接している。このとき，次の問いに答えなさい。ただし，点Mは辺AEの中点である。

(1) ３点M，C，Dを通る平面で切ったとき，切り口の球の断面積を求めなさい。

(2) ３点M，B，Dを通る平面で切ったとき，切り口の球の断面積を求めなさい。

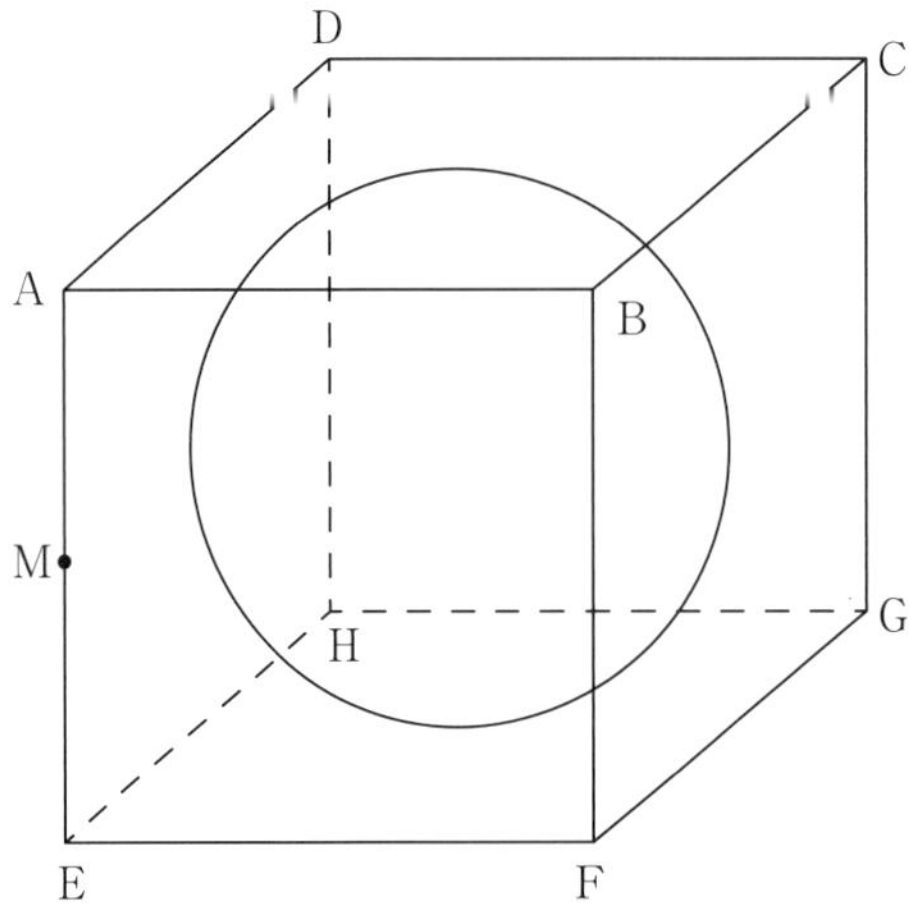

解答　(1) $\frac{16}{5}\pi \text{cm}^2$　(2) $\frac{4}{3}\pi \text{cm}^2$

- 東京都八王子市戸吹町1100
- JR中央線ほか「八王子駅」、京王線「京王八王子駅」、JR青梅線ほか「拝島駅」、JR五日市線「秋川駅」スクールバス
- 042-691-0321
- http://www.mnh.ed.jp/

学校説明会〈要予約〉
11月24日（土）　14：30～

入試質問会〈要予約〉
１月12日（土）　14：30～

入試日程
推薦入試　１月23日（水）
一般入試　２月11日（月祝）

私立高校の入試問題

江《え》戸《ど》川《がわ》女《じょ》子《し》高等学校

問題

右の図のように，放物線 $y = x^2$ と直線 l が2点P，Qで交わっている。直線 l と y 軸との交点をAとして，2辺が x 軸，y 軸と平行になるように図のような直角三角形ABC，CDEを作る。

このとき，次の問いに答えなさい。

(1) 直線 l の方程式を求めなさい。

(2) 点Dの座標を求めなさい。

(3) △ABCと△CDEの面積をそれぞれ S，T とするとき，$\dfrac{T}{S}$ の値を求めなさい。

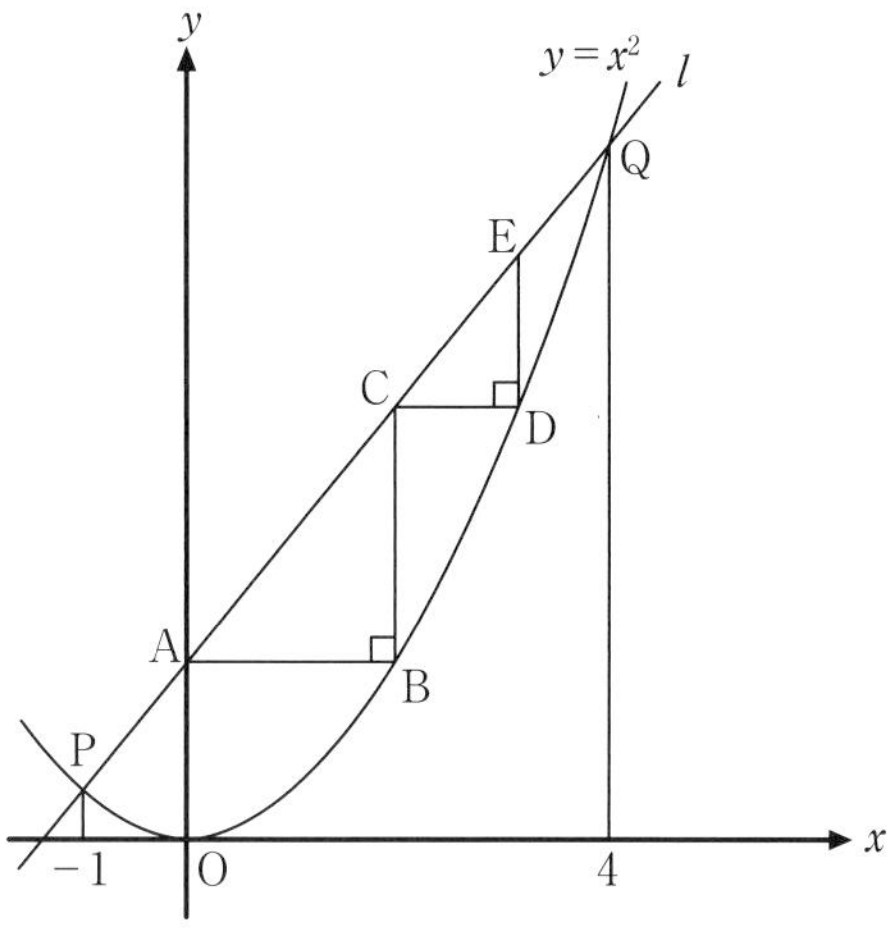

解答 (1) $y=3x+4$ (2) $(\sqrt{10},\ 10)$ (3) $\dfrac{7-2\sqrt{10}}{2}$

● 東京都江戸川区東小岩5-22-1
● JR総武線「小岩駅」徒歩10分
● 03-3659-1241
● http://www.edojo.jp/

入試説明会〈要予約〉

11月17日(土)　11月24日(土)
両日とも14：00～15：30

施設見学会〈要予約〉

12月1日(土)　12月8日(土)
両日とも13：30～15：30

実《じっ》践《せん》学《がく》園《えん》高等学校

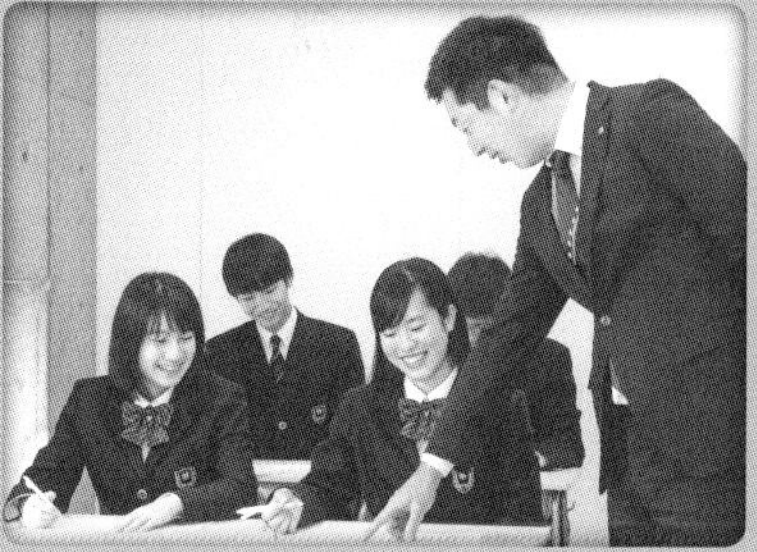

問題 下の図と文章を参考に後の設問に答えなさい。

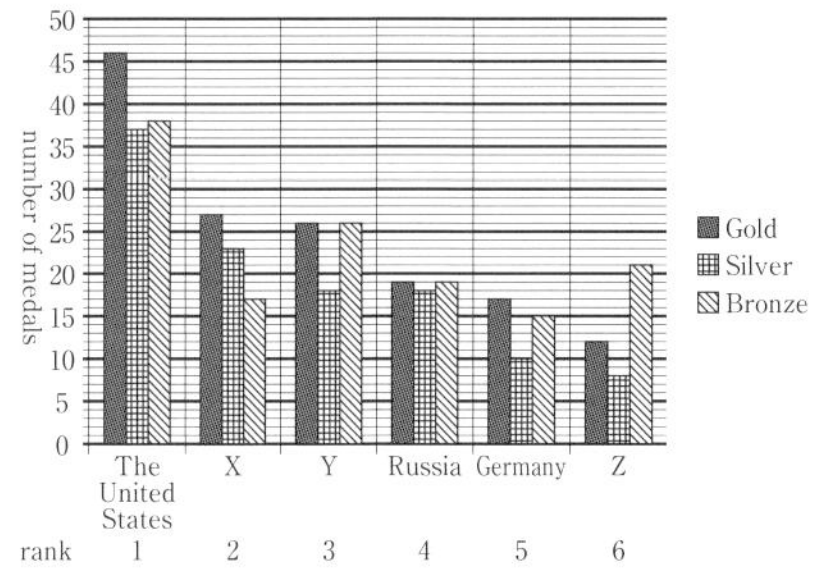

The graph shows the number of gold, silver and bronze medals that were *awarded to the athletes *competing in the Olympic Games.

The United States finished the Olympics at the top of the medal race, and Great Britain *beat China for second place.

Japan won 41 medals at the Olympics with 12 gold medals, and France won 42 with 10 gold medals.

*award(賞などを)与える，compete 競う，beat ～ ～に勝つ

問1．グラフのX，Y，Zに入る語の組み合わせとして正しいものを選び記号で答えなさい。

ア．X：Great Britain　Y：China　Z：France
イ．X：Great Britain　Y：China　Z：Japan
ウ．X：China　Y：Great Britain　Z：France
エ．X：China　Y：Great Britain　Z：Japan

問2．次の英文の問いの答えになる国名を英語で答えなさい。

Which country got the smallest number of bronze medals in the graph?

問3．本文の内容と合う英文を次のア～オから二つ選び記号で答えなさい。

ア．This graph shows the rank of the total number of medals.
イ．This graph shows the rank of the number of gold medals.
ウ．Two countries got as many gold medals as bronze medals.
エ．There are no countries which got more silver medals than bronze medals.
オ．Russia got more gold medals than any other country.

解答 問1．イ　問2．Germany　問3．イ，ウ

● 東京都中野区中央2-34-2
● 地下鉄丸ノ内線・都営大江戸線「中野坂上駅」徒歩5分、JR中央・総武線「東中野駅」徒歩10分
● 03-3371-5268
● https://www.jissengakuen-h.ed.jp/

入試説明会

11月17日(土)　12月1日(土)
12月8日(土)
すべて14：00～

みんなの お便り コーナー

\Letter Section/

サクセス広場

テーマ

体育祭の思い出

自分たちで作った**うちわ**です。キャラクターの目とか手とかのパーツが取れまくってホラーでした（笑）。でも、みんなで大笑いして、中学最初の体育祭は最高なものになりました！！
（中１・ハードル選手でした。さん）

リレーで**バトンパス**をミスって、手からスポーンとバトンが飛んで、審判役の先生の頭に直撃しました…。先生ごめんなさい！
（中３・白組GOGOさん）

昨年の体育祭、応援合戦のダンスで使う曲が星野源さんの『**恋**』で、練習中にあまり話したことのなかったクラスメイトが星野源さんファンだということが判明し、体育祭以降すごく仲よくなれたのがいい思い出です。
（中３・源さんファンさん）

リレーの選手が転んでしまったとき、クラスに残念な空気が漂ったのですが、ある男子が**頑張れー！**　と叫んでいました。その優しさをみて好きになっちゃいました。
（中３・K.S.さん）

体育祭のお昼に食べるお弁当の**おにぎり**と**からあげ**って、なんであんなにおいしいのでしょうか。家でいつも食べているのと変わらないはずなのに不思議です。
（中２・メインはお昼さん）

テーマ

もらって嬉しいお土産

ご当地チョッパーマンキーホルダーを集めているので、友だちが旅行に行くときは頼んでいます。自分が旅行先で買ったチョッパーマンも含めていま20体くらいいるので、まだまだ集めたいです。
（中２・チョッパーだいすきさん）

「有名じゃない」お菓子。テレビとかであまり見たことない有名じゃないお菓子をもらう方が、レア感があってテンションがあがる。
（中１・白い恋人は「有名な」お菓子さん）

ゆるキャラグッズを集めています。友だちも知っているので、旅行にいくとみんな必ず買ってきてくれます。お気に入りはぐんまちゃんです。
（中２・ぐんまちゃんラブさん）

やっぱり**ご当地の食べもの**です！！　その土地限定の食べ物は特別感があります！！！
（中１・さかたけさん）

温泉まんじゅう！　あんこが大好きなので、食べているだけで幸せな気分になれます。
（中２・つぶあんが好きさん）

テーマ

直したいケアレスミス

漢字を書くときに、**はねちゃいけないところ**をはねて書いてしまうんです。正しい形はわかってるんですが、ついくせで…。受験本番までになんとか直したい！
（中３・国語が苦手さん）

数学の大問１、解き直しをするといつもできる（泣）…**計算問題**はどうすれば直るのか、わからずじまいですぅー。
（中２・９月のアドバンスいいねさん）

スペルミスが多くて…。英語だけじゃなくて日本語でも書き間違いが多くて、一度「ミシシッピ川」を「ミミシッピ川」と書いていたときは自分でもびっくりしました。
（中２・Y.M.さん）

自分の字が汚くて、自分で書いたのに読めなくて、それが原因で**計算ミス**をしてしまうんです。きれいに書けばいいのですが、なかなか直せなくて困っています。習字を習った方がいいのでしょうか…。
（中３・T.S.さん）

必須記入事項

A／テーマ、その理由　**B**／郵便番号・住所
C／氏名　**D**／学年　**E**／ご意見、ご感想など

右のQRコードからケータイ・スマホでどしどしお寄せください！
住所・氏名は正しく書いてください。
ペンネームは氏名のうしろに（　）で書いてネ！
【例】サク山太郎（サクちゃん）

Present!! 掲載された方には抽選で３名に**図書カード**をお届けします！
（500円相当）

募集中のテーマ

「平成最後の○○の思い出」

「我が家のお正月」

「受験生の心の叫び」

応募〆切 2018年12月15日

ここから応募してね！

ケータイ・スマホから
上のQRコードを
読み取って応募してください。

世間で
注目の
イベントを
紹介

サクセス イベントスケジュール

11月～12月

季節の果物 ラ・フランス

秋から冬にかけて旬となる西洋梨。なかでもラ・フランスはよくお店などでも目にする機会が多い品種で、その名の通りフランス原産の西洋梨だ。ボコボコした外見とはうらはらに果肉は柔らかく、とろけるような食感と果汁を多く含んだジューシーさが特徴。

1

＼全員巨匠！／

フィリップス・コレクション展

10月17日（水）～2月11日（月祝）
三菱一号館美術館

アメリカで最も優れた私立美術館の１つとして名高いワシントンのフィリップス・コレクション。今年創設100周年となる同館の源泉を、世界有数の近代美術コレクションの展示を通してたどる。アングル、コロー、ドラクロワ、クールベ、マネ、ドガ、モネ、セザンヌ、ゴーガン、クレー、ピカソ、ブラックなど、全員巨匠の展覧会は必見。P5組10名

2

＼夢をかなえた技術たち／

特別展
明治150年記念
日本を変えた千の技術博

10月30日（火）～3月3日（日）
国立科学博物館

今年は明治元年から数えて150年。日本が明治維新によって西洋技術を積極的に導入し、社会が大きく変化した歴史はみんなも知っているよね。展覧会では、幕末から明治、大正、昭和、平成にいたる歴史において、日本の社会・暮らしを変えた科学や技術の遺産を、全国から集結した600点を超える展示物を通して紹介している。P5組10名

3

＼扇をめぐる美の世界／

扇の国、日本

11月28日（水）～1月20日（日）
サントリー美術館

日本で生まれ発展した「扇」をテーマにした美しい展覧会が、サントリー美術館で開催される。あおいで涼をとる日常用品であり、開けば美しい絵を楽しむこともでき、儀礼や祭祀《さいし》の場でも用いられるなど、さまざまな用途のある扇の世界を、幅広い時代と視点で展開する内容。まるでひらひらと舞う蝶のように風流な、扇をめぐる美の世界に出かけよう。

4

＼都心の黄葉スポット／

神宮外苑
いちょう祭り

11月16日（金）～12月2日（日）
明治神宮外苑

都心で黄葉が見られるスポットといえば、明治神宮外苑のいちょう並木が有名だね。青山通りから聖徳記念絵画館に向かって４列に連なるイチョウの木々が、美しい黄色に色づく様子はまさに絶景。黄葉に合わせて開催される「いちょう祭り」では、色々なグルメが味わえる出店や、楽しいイベントが盛りだくさん。冬のお出かけにぴったりだよ。

5

＼描かれた美しいロシア／

国立トレチャコフ美術館所蔵
ロマンティック・ロシア

11月23日（金祝）～1月27日（日）
Bunkamura ザ・ミュージアム

広大な大地、深い森、伝統的な建築のある街、そして麗しい女性たち…ロシアならではの題材が表現された美しいロシア美術を堪能できる展覧会に注目。ロシアの国立トレチャコフ美術館の所蔵品から、19世紀後半～20世紀初頭のロシアを代表する作家、クラムスコイ、シーシキン、レヴィタン、ヴェレシャーギンらの作品72点を展示。P5組10名

6

＼圧倒的な写実性／

吉村芳生
超絶技巧を超えて

11月23日（金祝）～1月20日（日）
東京ステーションギャラリー

現代アート界の異色の画家・吉村芳生《よしむらよしお》の全貌を62件600点以上の作品で紹介する展覧会。新聞紙に描かれた自画像、と思いきや新聞誌そのものから鉛筆で描かれていたり、金網だけを写実的に17mも描いたり…一見すると写真のように精工、緻密《ちみつ》に描かれた作品はまさに超絶技巧。その技量の高さと着眼点、制作への姿勢に驚かされるはず。

1 フィンセント・ファン・ゴッホ《道路工夫》1889年 油彩／カンヴァス フィリップス・コレクション蔵 The Phillips Collection　2「ミルバーン電気自動車」所蔵:国立科学博物館　3 国宝 扇面法華経冊子 巻第一一帖 平安時代 12世紀 大阪・四天王寺　5 イワン・クラムスコイ《忘れえぬ女（ひと）》1883年 油彩・キャンヴァス ⓒ The State Tretyakov Gallery　6《SCENE 85-8》1985年、東京ステーションギャラリー

招待券プレゼント！ Pマークのある展覧会・イベントの招待券をプレゼントします。77ページ「学習パズル」にあるQRコードからご応募ください。（応募締切2018年12月15日）。当選者の発表は賞品の発送をもってかえさせていただきます。

Success15 fifteen
Back Number

サクセス15 バックナンバー 好評発売中！

2018 11月号

学校生活を彩る さまざまな行事

進化する電子マネー

SCHOOL EXPRESS 慶應義塾

FOCUS ON 神奈川県立柏陽

2018 10月号

慶應・上智の キャンパスめぐり

世界いろいろランキング

SCHOOL EXPRESS 渋谷教育学園幕張

FOCUS ON 千葉県立船橋

2018 9月号

歴史の流れが一目でわかる 重要年号まるっとチェック

自然豊かな「国立公園」

大学研究室探検隊 東京大 堀・藤本研究室

FOCUS ON 神奈川県立川和

2018 8月号

じつはユニークな 大学の博物館

身につけよう「正しい姿勢」

SCHOOL EXPRESS 豊島岡女子学園

FOCUS ON 東京都立八王子東

2018 7月号

高校の修学旅行で 学べること

「新聞」の読み方講座

大学研究室探検隊 東京工業大 瀧岡研究室

FOCUS ON 埼玉県立大宮

2018 6月号

平成の30年を 振り返る

「IT」ってなんのこと？

SCHOOL EXPRESS 筑波大学附属

FOCUS ON 埼玉県立春日部

2018 5月号

英語長文読解の コツを伝授

日本と世界の民族衣装

SCHOOL EXPRESS お茶の水女子大学附属

FOCUS ON 東京都立立川

2018 4月号

大学附属校と進学校の 違いを知ろう

東京名建築案内

SCHOOL EXPRESS 開成

FOCUS ON 千葉県立千葉

2018 3月号

4月までにやっておきたい 教科別学習のポイント

「研究者」にズームイン

大学研究室探検隊 東京理科大 杉山研究室

FOCUS ON 東京都立日比谷

2018 2月号

勉強法から心がまえまで 最後に差がつく入試直前期

地下鉄のいままでとこれから

大学研究室探検隊 東京工業大 山元研究室

FOCUS ON 埼玉県立浦和第一女子

2018 1月号

コツコツ身につける 「書く力」の伸ばし方

入試本番までの体調管理法

SCHOOL EXPRESS 早稲田実業学校

FOCUS ON 東京都立青山

2017 12月号

知的好奇心をくすぐる 高校の実験授業

「色」の世界をのぞいてみよう

大学研究室探検隊 東京大 廣瀬・谷川・鳴海研究室

FOCUS ON 千葉県立東葛飾

2017 11月号

魅力あふれる 東京大学

モノのインターネット"IoT"

SCHOOL EXPRESS 早稲田大学本庄高等学院

FOCUS ON 埼玉県立浦和

2017 10月号

勉強と部活動 両立のヒント

「考古学」ってこんなにおもしろい！

大学研究室探検隊 東京大 中須賀・船瀬研究室

FOCUS ON 神奈川県立横浜緑ケ丘

2017 9月号

思考力・判断力 表現力の磨き方

映像技術はここまで進歩した！

SCHOOL EXPRESS 早稲田大学高等学院

FOCUS ON 東京都立国立

2017 8月号

目で見て肌で感じよう 学校発イベントの歩き方

科学に親しむためのおすすめ書籍

大学研究室探検隊 早稲田大 菅野研究室

FOCUS ON 神奈川県立横浜翠嵐

これより前のバックナンバーはホームページでご覧いただけます（http://success.waseda-ac.net/）

How to order
バックナンバーのお求めは

バックナンバーのご注文は電話・FAX・ホームページにて
お受けしております。詳しくは88ページの「information」をご覧ください

さくいん

中3対象

筑駒・開成直前対策講座

Ⓐ 正月特訓・通信添削

これだけは押さえておきたい全科目のエッセンスを抽出。
直前の集中スクーリングで入試のポイントを網羅します。オリジナル問題集を活用した家庭学習支援と実地トレーニングで合格力を飛躍的に高めます。的中を狙ったシミュレーションテストと超直前対策講座で効率的に得点力を上げます。

特待認定の場合の料金例▶
正特費用 ＋ 通添費用 ＋ 個別ゼミ費用 ＋ 年会費 ＝ ¥40,700(税込)
12/30～1/3　　11月・12月　　1月

Ⓑ 個別ゼミ・通信添削

伸ばしたいところをピンポイントで鍛える。本番の取り組み方がわかる。
個別の弱点補強と家庭学習支援に加えて実地トレーニングで得点力をUPさせます。オリジナル問題集を活用した家庭学習支援と実地トレーニングで合格力を飛躍的に高めます。的中を狙ったシミュレーションテストと超直前対策講座で効率的に得点力を上げます。

特待認定の場合の料金例▶
通添費用 ＋ 個別ゼミ費用 ＋ 年会費 ＝ ¥12,000(税込)
11月・12月　　1月

ⒶまたはⒷ ＋

＋ プラスその1 開成高シミュレーションテスト
1/1(祝)・**1/14**(祝)・**2/3**(日)

会場▶ ExiV 西日暮里校・ExiV 渋谷校・立川校・武蔵小杉校・船橋校・北浦和校

1/1(祝)・1/14(祝)・2/3(日)の3回に渡り、「開成高シミュレーションテスト」を実施します。520名前後が受験する開成高校入試ですが、入試直前のこの時期に200～250名の母集団でそっくりテストが実施できるのは早稲田アカデミー以外にはありません。当然、詳細な成績帳票も最速の日程で返却していきますから、時間を無駄にできない最直前期の学習の指針が一目瞭然です。

＋ プラスその2 超直前対策講座
入試本番を見据えた問題演習を通し、本番での問題のとらえ方と答案の作り方を徹底指導します。

2/2(土)　理社トライアスロン
2/10(日)・**11**(祝)　国立学校別理社対策①（同一内容、いずれかの日程で参加）
2/12(火)　国立学校別理社対策②

お問い合わせ、お申し込みは早稲田アカデミー各校舎または
カスタマーセンター **0120-97-3737** までお願いいたします。

中3対象

難関校に合格するための最高峰の環境とシステム

必勝コース

5科コース

筑駒必勝クラス・開成必勝クラス・国立必勝クラス

3科コース

早慶必勝クラス・難関必勝クラス

早稲田アカデミーの必勝コースはここが違う！

講師のレベルが違う！

難関校入試のエキスパート講師陣

必勝コースを担当する講師は、難関校の入試に精通したスペシャリスト達ばかりです。早稲田アカデミーの最上位クラスを長年指導している講師の中から、さらに選ばれた講師陣が授業を担当します。教え方、やる気の出させ方、科目に関する専門知識、どれを取っても負けません。講師の早稲田アカデミーと言われる所以です。

テキストのレベルが違う！

難関校の入試に対応した教材

難関私国立の最上位校は、教科書や市販の問題集レベルでは太刀打ちできません。早稲田アカデミーでは過去十数年の入試問題を徹底分析し、難関校入試突破のためのオリジナルテキストを開発しました。今年の入試問題を詳しく分析し、必要な部分にはメンテナンスをかけて、いっそう充実したテキストになっています。

生徒のレベルが違う！

やる気を引き出すハイレベルな環境

必勝コースの生徒は難関校を狙うハイレベルな層。同じ目標を持った仲間と切磋琢磨することで成績は飛躍的に伸びます。開成96名合格、慶應女子83名合格、早慶1455名合格という結果からも明らかなように、最上位生が集う早稲田アカデミーだから可能なクラスレベルです。

早稲田アカデミー

「個別指導」という選択肢──

《早稲田アカデミーの個別指導ブランド》

"個別指導"だからできること × "早稲アカ"だからできること

難関校にも対応できる	弱点科目を集中的に学習できる
部活と両立できる	早稲アカのカリキュラムで学習できる

好きな曜日!!
「火曜日はピアノのレッスンがあるので集団塾に通えない…」そんなお子様でも安心!! 好きな曜日や都合の良い曜日に受講できます。

1科目でもOK!!
「得意な英語だけを伸ばしたい」「数学が苦手で特別な対策が必要」など、目的・目標は様々。1科目限定の集中特訓も可能です。

好きな時間帯!!
「土曜のお昼だけ通いたい」というお子様や、「部活のある日は遅い時間帯に通いたい」というお子様まで、自由に時間帯を設定できます。

回数も都合にあわせて設定!!
一人ひとりの目標・レベルに合わせて受講回数を設定します。各科目ごとに受講回数を設定できるので、苦手な科目を多めに設定することも可能です。

苦手な単元を徹底演習!
平面図形だけを徹底的にやりたい。関係代名詞の理解が不十分、力学がとても苦手…。オーダーメイドカリキュラムなら、苦手な単元だけを学習することも可能です!

定期テスト対策をしたい!
塾の勉強と並行して、学校の定期テスト対策もしたい。学校の教科書に沿った学習ができるのも個別指導の良さです。苦手な科目を中心に、テスト前には授業を増やして対策することも可能です。

早稲田アカデミーの個別指導は首都圏に47校〈MYSTA12校舎 個別進学館35校舎〉

スマホ・パソコンで ▶ 　MYSTA 🔍 　または 　個別進学館 🔍 　検索

○目標・目的から逆算された学習計画

MYSTA・個別進学館は早稲田アカデミーの個別指導ブランドです。個別指導の良さは、一人ひとりに合わせた指導。自分のペースで苦手科目・苦手分野の学習ができます。しかし、目標には必ず期日が必要です。そこで、期日までに必要な学習内容を終えるための、逆算された学習計画が必要になります。早稲田アカデミーの個別指導では、入塾の際に長期目標／中期目標を保護者様・お子様との面談を通じて設定し、その目標に向かって学習計画を立てることで、勉強への集中力を高めるようにしています。

○集団授業のノウハウを個別指導用にカスタマイズ

MYSTA・個別進学館の学習カリキュラムは、早稲田アカデミーの集団授業のカリキュラムを元に、個別指導用にカスタマイズしたカリキュラムです。目標達成までに何をどれだけ学習するかを明確にし、必要な学習量を示し、毎回の授業・宿題を通じて目標に向けて学習し続けるためのモチベーションを維持していきます。そのために早稲田アカデミー集団校舎が持っている『学習する空間作り』のノウハウを個別指導にも導入しています。

○難関校にも対応

MYSTA・個別進学館は進学個別指導塾です。早稲田アカデミー教務本部と連携し、難関校と呼ばれる学校の受験をお考えのお子様の学習カリキュラムも作成します。また、早稲田アカデミーオリジナルの難関校向け教材も、カリキュラムによっては使用することができます。

お子様の夢、目標を私たちに応援させてください。

無料 個別カウンセリング 受付中

その悩み、学習課題、私たちが解決します。

個別相談時間 30分～1時間

勉強に関することで、悩んでいることがあればぜひ聞かせてください。経験豊富なスタッフが最新の入試情報と指導経験をフルに活用し、丁寧にお応えします。　※ご希望の時間帯でご予約できます。お電話にてお気軽にお申し込みください。

Success15

12月号

表紙画像提供：筑波大学附属駒場高等学校

FROM EDITORS

特集で取り上げた「探究学習」は、中学生のみなさんからすると難しそうに見えるかもしれませんが、取材をした２校の生徒さんは、みなさん自分が興味・関心を持ったものについて、楽しそうに探究を進めていました。中学生のうちから色々なことに興味・関心を持つことが、高校生になってから役立つかもしれませんよ。

もう１つの特集は、世界遺産についてです。じつは私、国内の世界遺産制覇をひそかな目標にしていて、今年は富岡製糸場を訪れました（といってもまだ全体の半分くらいしか達成していませんが）。写真もいいですが、実際に訪れることでわかることも多いと思うので、みなさんも機会があれば世界遺産を訪れてみてくださいね。（T）

NEXT ISSUE 1月号

SPECIAL 1

将来めざす
職業から
大学の学部を
選ぼう

SPECIAL 2

樹木医にきく
樹木のこと

SCHOOL EXPRESS

東京学芸大学附属高等学校

FOCUS ON

東京都立戸山高等学校

※特集内容および掲載校は変更されることがあります

INFORMATION

『サクセス15』は全国の書店にてお買い求めいただけますが、万が一、書店店頭に見当たらない場合は、書店にてご注文いただくか、弊社販売部、もしくはホームページ（右記）よりご注文ください。送料弊社負担にてお送りします。定期購読をご希望いただく場合も、上記と同様の方法でご連絡ください。

OPINION, IMPRESSION & ETC

本誌をお読みになられてのご感想・ご意見・ご提言などがありましたら、ぜひ当編集室までお声をお寄せください。また、「こんな記事が読みたい」というご要望や、「こういうときはどうしたらいいの」といったご質問などもお待ちしております。今後の参考にさせていただきますので、よろしくお願いいたします。

サクセス編集室 お問い合わせ先

TEL：03-5939-7928　FAX：03-3590-3901

高校受験ガイドブック2018⑫サクセス15

発　　行　2018年11月15日　初版第一刷発行
発 行 所　株式会社グローバル教育出版
〒101-0047 東京都千代田区内神田2-5-2
信交会ビル3F
ＴＥＬ　03-3253-5944
ＦＡＸ　03-3253-5945
http://success.waseda-ac.net
e-mail　success15@g-ap.com
郵便振替口座番号　00130-3-779535
編　　集　サクセス編集室
編集協力　株式会社 早稲田アカデミー